ALEXANDRO GRUBER

Revolução Existencial

a coragem para ressignificar a sua existência e mudar a sua vida de dentro para fora

PAIDÓS

Copyright © Alexandro Gruber, 2022
Copyright © Editora Planeta do Brasil, 2022
Todos os direitos reservados.

Preparação: Valquíria Matiolli
Revisão: Fernanda França e Andréa Bruno
Diagramação: Márcia Matos
Capa: Daniel Justi

Dados Internacionais de Catalogação na Publicação (CIP)
Angélica Ilacqua CRB-8/7057

Gruber, Alexandro
  Revolução existencial: a coragem para ressignificar a sua existência e mudar a sua vida de dentro para fora / Alexandro Gruber. - São Paulo: Planeta, 2021.
  192 p.

ISBN 978-65-5535-582-6

1. Filosofia 2. Autoconhecimento 3. Felicidade 4. Desenvolvimento pessoal I. Título

21-5226   CDD 158.1

Índice para catálogo sistemático:
1. Autorrealização

Ao escolher este livro, você está apoiando o manejo responsável das florestas do mundo

2022
Todos os direitos desta edição reservados à
EDITORA PLANETA DO BRASIL LTDA.
Rua Bela Cintra, 986 – 4º andar
01415-002 – Consolação
São Paulo-SP
www.planetadelivros.com.br
faleconosco@editoraplaneta.com.br

A Elisângela Bankersen, Milene Marczal, Terezinha K. Golenia e a todos os meus demais professores, grandes mestres que revolucionaram a minha existência.

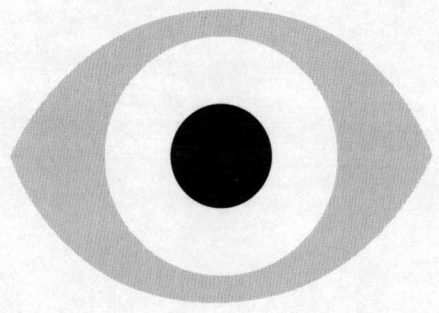

"Mas você tem de parar de ver o mundo através da sua cabeça. Em vez disso, precisa olhar pelo coração. Assim você vai conhecer Deus."

Comer, rezar, amar

SUMÁRIO

OS OLHOS DA ALMA...	11
1 – A SENSIBILIDADE	15
2 – A ALMA	21
3 – O MUNDO	27
4 – O EGO	33
5 – A DOR	41
6 – O SOFRIMENTO	47
7 – A DESILUSÃO	53
8 – O DRAMA	57
9 – A TRISTEZA	63
10 – O MEDO	69
11 – A SOLIDÃO	75
12 – O APEGO	81
13 – A MENTE	85
14 – OS RECOMEÇOS	91
15 – OS PROCESSOS	95
16 – OS SONHOS	99
17 – A FORÇA	105

18 – A FÉ   109

19 – A INTUIÇÃO   113

20 – AS TRANSFORMAÇÕES   119

21 – O DESPERTAR   125

22 – AS CONEXÕES   131

23 – OS RELACIONAMENTOS   137

24 – AS SOMBRAS   143

25 – A LUZ   149

26 – A VIDA   155

27 – A CURA   161

28 – A MAGIA   167

29 – A GRATIDÃO   171

30 – O AMOR   177

31 – A FELICIDADE   183

OS OLHOS DA ALMA...

Os olhos do corpo enxergam muito pouco, pois, para ver de verdade, é preciso ir além e aprender a enxergar a vida com os olhos da alma.

Engana-se quem pensa que nascemos sabendo ver; é algo que se aprende, que se aprimora, que se desenvolve ao longo da vida. Muitos passam uma existência toda sem ter aprendido a enxergar de verdade. Pensam ter visto o mundo, mas, na maioria das vezes, enxergaram apenas um recorte da realidade, apenas o que foram ensinados a ver. Agir dessa maneira é ver com os olhos do corpo, tocar a superficialidade das coisas, sem jamais, porém, ter penetrado seus significados mais profundos.

Ver com os olhos da alma, com o coração, ou com o também chamado "terceiro olho", nada mais é que o despertar da sensibilidade. Uma vida sem esse movimento, mesmo que mínimo, é fria, praticamente vazia de conexões, na qual não se sente a intensidade da magia que é o viver, do contato místico e uno com a natureza e o Universo, bem como do sagrado que habita dentro de cada um de nós. O mundo e a sociedade em geral nublam nosso olhar interno, endurecem essa capacidade, constroem miragens de uma vida pequena, limitada, de valores transitórios, rasos e vazios, que, além de não nos alimentar e nutrir, tenta furtar a natureza profunda e transcendente do nosso ser.

O olhar material da vida nos limita a existência. É como se estivéssemos cegos diante de uma parte do mundo que foge à nossa percepção. Essa maneira de entender a vida condiciona de modo negativo nossos próprios potenciais e, na maioria das vezes, é a raiz dos nossos sofrimentos. Ver a vida com clareza é uma atitude vital na busca de uma existência mais plena e feliz.

Já dizia Antoine de Saint-Exupéry, em *O pequeno príncipe*: "De fato, é um segredo bem simples: é somente com o coração que podemos ver corretamente; o essencial é invisível aos olhos", frase essa que não poderia ser mais verdadeira. Para enxergar o essencial, é preciso analisar cada sentimento, senti-lo e, acima de tudo, entender o que ele revela para e sobre nós.

No Nobre Caminho Óctuplo do Budismo, que se refere às oito práticas relativas à quarta Nobre Verdade, chamada também de "verdade do caminho que leva à cessação do sofrimento", temos como primeiro ensinamento a "compreensão correta", a ideia de "ver com clareza". O ver é um conceito importantíssimo da filosofia budista e de boa parte da filosofia oriental. Não o ver físico, direto e limitado, mas a compreensão holística do todo. O que se enxerga por detrás das aparências, o saber intuitivo e sensível. Só assim poderemos assimilar as coisas como elas realmente são.

Por isso, para enxergar bem, dois olhos são muito pouco. Há coisas que só conseguimos ver com os olhos da alma. Esse olhar interno, que busca sentidos, vê propósitos e dá a verdadeira cor aos nossos dias. Quem vê apenas com os olhos do corpo não enxerga longe. Limita-se à superfície e às aparências. Mas quem vê a vida com os olhos de dentro mergulha na infinitude da existência.

Em minha jornada pessoal, pude perceber que a maior parte de nossas dores está ligada ao modo como enxergamos a vida e às experiências pelas quais passamos. A nossa visão a respeito do mundo, das pessoas, dos nossos sentimentos, das nossas relações, dos mecanismos da existência e de nós mesmos determina exatamente a maneira como nos sentimos e agimos e, por consequência, define o destino por nós criado. Quando nossa visão de mundo é restrita e limitada, adentramos conflitos internos, sinal de que não estamos enxergando determinada situação de maneira profunda. É preciso então reavaliar as nossas crenças, descortinar as ilusões, lançar luz sobre a escuridão da vida e ver cada fato pelos olhos da eternidade. Dessa forma, ressignificamos a maneira de ver, renascemos e enxergamos uma nova existência se abrir diante de nós. A proposta desta obra é analisar, por meio de textos simples, temas fundamentais da nossa trajetória para que você possa ganhar uma nova perspectiva sobre cada um deles e enxergar seu próprio caminho entre a dor e o amor pelos olhos de dentro, dando, assim, um novo sentido à sua vida. Uma verdadeira revolução existencial acontece quando despertamos por dentro e passamos a ver a vida com outros olhos.

É preciso um pouco de empenho, de força e de coragem para manter esse olhar aberto; muitas vezes, pessoas nos rotulam de loucos, mas, no fundo, elas também desejam abrir o olhar, mesmo temendo-o, uma vez que ele é mágico e poderoso e atravessa como uma flecha os cenários falaciosos do mundo. Só os olhos do coração podem dar sentido às nossas experiências, ressignificá-las, construir conexões verdadeiras, fortalecer-nos e preencher-nos com o sentimento de totalidade e mudar a nossa vida de dentro para fora. Esse é o olhar da alma, da eternidade, a verdadeira visão que nos conduz pelas experiências da vida rumo ao contato com a felicidade.

Todos têm a capacidade de ver, mas só quem aprende a enxergar a vida para além das aparências encontra a força para revolucionar sua existência!

Tenha uma ótima leitura!

O autor

1
A SENSIBILIDADE

"A sensibilidade é a porta por onde a alma enxerga a existência e dialoga com ela."

A sensibilidade nada mais é do que a capacidade de a alma captar as nuances mais sutis. Uma pessoa sensível não é aquela que se abala emocionalmente com mais facilidade, mas certamente a que assimila mais o que está ao seu redor, por isso geralmente é alguém que sente e pressente as coisas com muita facilidade e com mais intensidade do que as demais. Todas as pessoas possuem essa capacidade, mas nem todas estão abertas a ela. Para se abrir à sensibilidade, é necessário compreender que a vida não se dá apenas por vias lógicas. Nosso raciocínio e nossa análise são essenciais, mas a inteligência intuitiva, ou sensível, nos permite captar coisas que vão além da mente, ou seja, que apenas com a capacidade lógica não conseguimos apreender.

Unida ao nosso poder de raciocínio, a nossa sensibilidade nos possibilita enxergar as situações de modo mais amplo e profundo, e é por isso que ela consiste na porta em que os olhos da alma espiam. Trabalhar essa capacidade requer uma abertura mais ampla diante da vida, coragem para entrar em contato com os próprios sentimentos e disposição para ver as coisas com mais profundidade. Muitas pessoas a possuem de maneira inata; são indivíduos dotados de uma empatia natural e que podem ser chamados de almas sensíveis.

Ao contrário do que muitos pensam, almas sensíveis não são almas fracas, já que elas carregam uma sensibilidade mais sutil, enxergam outras camadas da vida e são profundamente comprometidas tanto com o crescimento próprio quanto com o coletivo. Costumam ser almas antigas, intuitivas, que se sentem diferentes da grande maioria – porque realmente são! Elas nasceram para construir um mundo novo, talvez por isso alguns as enxerguem como loucas, estranhas, contudo representam, na verdade, pessoas despertas que estão aqui para ajudar a acordar uma coletividade ainda adormecida. Essa é uma grande tarefa, longe de ser algo simples ou fácil.

Em um mundo ainda movido por valores materiais e transitórios, completamente apegado a conceitos que se desfazem com o tempo, pautado na dinâmica das aparências, do exibicionismo e das relações superficiais, as almas sensíveis se destacam porque buscam um propósito na vida. Elas não se contentam em viver uma existência sem significado ou em agir por pura necessidade. A voz que vem da alma as motiva a buscar mais. Exatamente por isso nem sempre é fácil viverem aqui. A ignorância por parte da sociedade e o deslocamento, consequência disso, levam as almas sensíveis a uma incompreensão de si mesmas perante o que sentem, o que querem e o que vivenciam.

Essa confusão interna, que ocasiona os mais diversos sentimentos, como a solidão, o medo, a tristeza, a ansiedade e a angústia, nada mais é do que a força da sensibilidade buscando algo para além das aparências, jornada essa nem sempre fácil. Por sentir com intensidade e viver por propósitos, a alma sensível necessita de elementos que deem suporte a essa busca. E mais do que isso: ela necessita educar a própria sensibilidade, porque, embora seja um grande dom, precisa ser bem usado para que possa trazer bons resultados. Alguém com elevada empatia, mas que não é capaz de administrar essa capacidade, capta e absorve o sentimento alheio sem saber como lidar com ele dentro de si ou como agir diante do outro. Por isso, uma pessoa sensível à beleza e à magia do mundo pode facilmente se deprimir diante de situações mais difíceis caso não entenda o que elas representam para além da dor.

Assim, educar a sensibilidade é saber direcioná-la. Quanto mais foco dermos à negatividade, ao desequilíbrio e à dor, mais captaremos esses elementos e sofreremos com eles. Não devemos absorver o que é negativo. Direcionar a nossa sensibilidade dessa maneira traz apenas desequilíbrio e mal-estar e não nos permite auxiliar de forma efetiva. É inevitável sentir aquilo que é "ruim". O ponto não é fugir disso, mas sim aprender a administrar esse contato, buscando entendê-lo em vez de absorvê-lo. Entender é sentir, analisar e agir, jamais se deixar contaminar. É assim que as verdadeiras soluções devem ser encontradas: filtrar o negativo e se envolver pelo positivo; é a melhor maneira de nutrir a sensibilidade.

Por isso, toda alma sensível precisa passar por um reencontro consigo mesma: a jornada própria em busca de entendimento e autoafirmação de seus valores e da maneira com que enxerga a vida e age diante das situações que encontra. O caminho do autoconhecimento e da expressão das emoções pode parecer solitário, contudo é exatamente ele que a leva a fazer conexões com outras almas que possuem essa mesma sensibilidade de viver e de sentir. Esse encontro faz bem para a interioridade, pois, na busca de si mesma, a alma sensível ressignifica o seu mundo e percebe que nunca foi estranha ou louca, mas sim que ousou viver com valores profundos que sempre foram o seu maior guia. O grande aprendizado da alma sensível está em apoiar a si mesma, pois nada se compara à força de uma alma que acordou para si e para o seu valor.

É necessário não se consumir diante da intensidade de seus sentimentos nem de retrair a própria sensibilidade, mas sim de acolhê-la como uma doce amiga que apresentará o mundo para além das aparências, com mais força e brilho e que faz vibrar o coração. Estimulada por aqueles que não acreditavam possuí-la, e bem direcionada pelos que naturalmente a possuem, mas não sabem como administrá-la, a sensibilidade é um grande tesouro descoberto e um instrumento poderoso na compreensão do mundo como um todo, principalmente a respeito das adversidades, das dores e dos sofrimentos, porquanto entende-se que nada é por acaso. Por meio da sensibilidade, compreendemos também que o Universo como um todo se estende em diversas camadas, sendo o mundo físico apenas uma delas, uma frequência mais densa de outras mais sutis que se entrelaçam.

Esse entendimento possibilita um novo olhar sobre a vida, o qual revela que o mundo é mais do que se mostra; portanto, só quando olhamos a vida pelos olhos de dentro, podemos encontrar o significado do que vivemos. Não se trata exatamente de buscar uma resposta exata e definida para o que nos acontece, mas de saber que tudo pode ser aproveitado de alguma maneira para o nosso crescimento, pois, para além do acaso ou do destino, está a nossa ação diante daquilo que nos ocorre, o que é determinante para a construção da vida que buscamos. Quando trabalhamos em prol da nossa sensibilidade, educando-a, não sentimos os acontecimentos de nossa vida como um peso que dilacera o nosso emocional, pois passamos a lidar como sábios mestres: nós nos abrimos aos nossos sentimentos sem temor, somos sinceros com nossas emoções e, acima de tudo, estamos prontos para dar um passo além para captar o aprendizado de uma situação, porque nossa sensibilidade é o grande farol que nos mostra o que pode ser extraído de nossa vivência.

É assim que, guiados por esse olhar sensível, nossa existência deixa de ser uma experiência aleatória entre dores e dificuldades e passa a ser uma incrível jornada, de descoberta própria, de desabrochamento de diversos potenciais, de encontro com as emoções mais profundas e de expansão de nossa própria alma em sua jornada de progresso.

Não é preciso temer a nossa sensibilidade, mas, em vez disso, despertá-la aos poucos e direcioná-la de modo positivo para o nosso crescimento. A sensibilidade é a porta por onde a alma enxerga a existência e dialoga com ela.

2
A ALMA

*"O corpo é o que temos.
A alma é o que somos.
O corpo é o que sente.
A alma é o que dá sentido."*

A alma é a Centelha Divina em nós, berço onde a consciência desabrocha, camada sutil para além da densidade do mundo. Não somos seres que possuem almas, mas almas que, enquanto encarnadas, usam um corpo. O corpo é o que temos. A alma é o que somos. O corpo é o que sente. A alma é o que dá sentido. Dela partem o pensamento, a razão, bem como o sentimento e a intuição. O corpo funciona como um intermediário, um instrumento de que a alma se vale para mergulhar e agir neste mundo mais denso. É o figurino que ela veste para atuar no drama da vida e vivenciar a história que melhor a fará crescer no momento.

Como a planta que necessita do solo, da água e da luz para crescer, nossa alma precisa vivenciar e experienciar para poder se estimular, aprender e crescer. Ou seja, a alma precisa se envolver para se desenvolver. Por isso, ela adentra planos mais densos: diferentes corpos, momentos distintos, experiências diversas, sob nomes e condições variados, em contato com outros seres, para que possa vivenciar diversos contextos e, por meio deles, progredir.

Em princípio, enxergamos a vida sob nosso ponto de vista. E, mesmo que experiências possam nos abrir um leque de aprendizados, elas representam um tempo muito curto diante de todos os aspectos que temos de desenvolver em nós. Por isso, é natural que só a vivência em diferentes papéis nos propicie o acervo necessário para o desenvolvimento de vários potenciais, bem como para o entendimento mais amplo da vida. É por meio da vivência de diferentes pontos de vista que nossa alma vai costurando um novo olhar sobre si mesma e sobre a existência, enxergando-se como um todo, em suas mais diversas dimensões, e não mais como um recorte individual que uma única vida neste mundo pode proporcionar.

É por isso que enxergar a vida com os olhos da alma é vê-la sob a perspectiva da eternidade. Analisar nossa existência como finita é limitar toda a nossa jornada e tirar dela todo o sentido. Seria inútil buscar compreender a dor, dar significado a nossas experiências, ver conexões nos nossos contatos. Seria viver uma vida enfadonha e vazia, em desacordo com os nossos próprios sentimentos. Acredita-se que isso possa resultar do medo da morte, da angústia de deixar de existir, mas, na verdade, é a reação da alma a uma crença que vai de encontro à verdade de nosso ser. Ver as coisas dessa maneira é como olhar pelo buraco da fechadura; enxergar com os olhos da alma é escancarar a porta para poder ver toda a infinitude da vida.

Esse conceito é conhecido como transmigração da alma entre os corpos, também chamado de processo de reencarnação, uma crença milenar que já percebia essa atividade da alma em sua jornada de progresso. O hinduísmo, o platonismo, o espiritismo, entre outras correntes, são alguns dos exemplos mais conhecidos de culturas religiosas e filosóficas que creem nessa visão, cada qual com suas próprias peculiaridades.

Embora possa parecer algo estranho à nossa mente (ainda apegada às aparências) nos enxergarmos como um ser eterno, que vivencia as mais diversas experiências, ao analisarmos dentro de nós, percebemos uma sensação de paz e familiaridade, como um conhecimento inato. É algo que possibilita a abertura de um sentido maior à nossa existência, em que cada fato torna-se um alicerce para o nosso crescimento, nenhum encontro torna-se em vão e toda dor torna-se apenas um cenário transitório na estrada infinita da vida.

Para enxergar com os olhos da alma, é necessário, portanto, reconhecê-la como a base daquilo que somos. O nosso eu real vai muito além de nosso nome, de nossa personalidade e de nossos costumes ou de nossa aparência. São aspectos transitórios, alterados pela força da vontade ou do passar do tempo; são personagens e criações do ego, que, mesmo fazendo parte da nossa manifestação no mundo, não dizem exatamente o que e quem somos. Porque somos mais até mesmo do que nossas experiências ou memórias. Somos aquilo que resiste a tudo isso. Somos a potencialidade adormecida que acorda com os estímulos das vivências. Somos essa essência que jamais se perde e que nem a morte pode levar. Somos alma! Princípio vital esse que reconhece sua jornada como um processo indispensável para o seu crescimento.

Nessa perspectiva, nenhuma vivência, pessoa ou situação surge ao acaso, pois cada evento que aparece no caminho vem ao encontro do nosso progresso. Ao assumir esse ponto de vista, muda-se toda a forma de ver a existência, bem como de agir diante dela, pois, a partir desse momento, entendemos que toda essa caminhada leva ao nosso próprio crescimento, de modo que não desejamos mais perder tempo em caminhos que não colaboram diretamente com esse propósito.

No entanto, é importante entender que ninguém se perde para sempre nas estradas infinitas do progresso. Há caminhos que parecem tortos, mas que se encaminham para o mesmo destino, mesmo que tornem o nosso próprio progresso mais lento e muitas vezes penoso. Mas o que não estiver sendo um impulso para o progresso será ao menos um estímulo nos empurrando para lá. Comumente esse estímulo surge pela dor, que dará lugar, à medida que formos mudando nossa maneira de ver a vida e desejarmos caminhar com consciência, a vivências mais leves que nos realizem interiormente.

Buscar a consciência sobre nós e o que nos circunda é sempre o primeiro passo. Quanto mais escuros os caminhos, menos enxergamos para onde estamos indo e mais suscetíveis estamos de nos ferir. Ao optarmos por ampliar o nosso modo de ver a vida, ou seja, compreender que não somos apenas seres que possuem um corpo e uma vida finita, mas almas imortais em uma longa jornada de crescimento, clareamos o caminho diante de nós. Entendemos que o nosso papel aqui é muito maior. Passamos a perceber que tudo que nos circunda, mesmo as situações difíceis, é de alguma forma alimento para nossa alma, além de instrumento, do qual ela faz uso para se fortalecer e progredir. Tudo muda de significado quando temos essa compreensão. O peso das nossas dores já não é o mesmo, o que antes valorizávamos começa a mudar, nem tudo nos atinge com a mesma intensidade e parecemos ganhar uma nova força diante das nossas dificuldades, que é o reconhecimento de que somos alma.

Mas a alma em si não se desenvolve sozinha. Ela precisa dos seguintes estímulos para o seu crescimento: sentir, experienciar, amar, analisar e, em alguns momentos, até mesmo sofrer para poder se conhecer e crescer; do contrário, sem o contraste que a própria vida propicia, não haveria consciência, nem sequer a sua existência. É por isso que a alma mergulha nessa jornada, porque é o encontro consigo mesma. Mas, para além de todo o medo que ela pode sentir, ou dos sofrimentos que pode enfrentar, lá no fundo ela sente uma segurança e uma paz infinita que vêm da certeza de que tudo pode ser superado e que esse caminho leva a um só destino: a felicidade.

Nada pode se sobrepor à força que vem da alma, porque tudo que existe trabalha a seu favor. É com essa confiança que a alma continua sua caminhada no mundo ao encontro de si mesma, pois ele é o laboratório onde ela se experimenta.

3
O MUNDO

"O mundo é o palco onde a alma encena a vida."

O mundo é o palco onde a alma encena a vida, é o espaço de manifestação e de atuação da alma, a escola onde ela aprende a desenvolver os seus potenciais, o lugar onde as histórias se cruzam, a oportunidade de que a alma precisa para crescer. É aqui onde as almas se reúnem para mergulhar em seus propósitos, para se deparar com os desafios necessários ao seu crescimento e para ter a oportunidade de expandir e doar seus dons em benefício do desenvolvimento dos outros e da evolução do próprio mundo.

São incontáveis os mundos espalhados nas mais diferentes dimensões, cada um dos quais atendendo às necessidades de cada indivíduo. Ninguém nasce em um lugar, uma época e uma família por acaso. Os elementos que ali se encontram são exatamente aqueles necessários para o nosso progresso. O que faremos, porém, diante dessa realidade que a nós se apresenta está por nossa conta, mas é certo que existe um propósito ao nos depararmos com ela.

Seguramente não temos o mundo ideal; ele não é perfeito dentro da nossa perspectiva de perfeição. Mas temos o mundo real, que, mesmo com seus atritos, incertezas e muitos pontos a serem desenvolvidos, é perfeito para as nossas necessidades de experiências. Justamente são essas "imperfeições" que nos estimulam a buscar saídas, a trabalhar as nossas emoções, a desenvolver os nossos potenciais, a vencer os nossos bloqueios e a superar as nossas limitações atuais. O mundo é muito mais do que uma prova, é espaço de exercício interno que vai nos fazer encarar nossos pontos mais difíceis e também ajudar a trazer os mais belos.

As pessoas têm um papel importantíssimo nesse trabalho. Todos somos seres diferentes, com peculiaridades, limites, potenciais, fraquezas e desejos. Quando os encontros acontecem, podem trazer o melhor e também o pior de cada um de nós. A convivência é, para alguns, um difícil desafio e, para outros, um imenso prazer; mas, em síntese, é uma grande arte que estamos desenvolvendo. O conviver é necessário, porque, ao entrarmos em contato com o mundo do outro, podemos também desenvolver o nosso, além de descobrir pontos em nós até então desconhecidos, absorver virtudes e ensinamentos que o outro nos propicia e exercitar as nossas capacidades de tolerância, entendimento, compaixão, respeito, como também de desapego, afeto e amor.

Não é por acaso que convivemos em um mundo cheio de sujeitos que podemos considerar "pessoas difíceis". São elas que nos estimulam para sermos melhores, assim como nós também somos estímulos para elas. Algumas pessoas sempre serão lições para o nosso emocional; outras, exemplos para nossa vida. Umas serão modelos de como não devemos ser; outras, guias de como podemos agir.

Independentemente disso, é importante ter em mente que o mundo é a nossa escola e que cada um está aqui em seu próprio processo de crescimento. Não nos cabe julgar o caminho de ninguém. Podemos considerar que certas ações representam algo que não serve para nós, entender os prejuízos que determinadas atitudes trazem, mas devemos compreender que cada um receberá a devida lição. Da mesma maneira, precisamos ter consciência de que as pessoas que mais admiramos também enfrentam os seus desafios. Elas são humanas. Podemos seguir seus exemplos, suas palavras, porém devemos entender que ninguém deve ser colocado em um pedestal, pois as pessoas não vão atender aos nossos ideais em todos os momentos, porque elas também estão evoluindo, e ninguém tem necessariamente a obrigação de satisfazer as nossas idealizações.

O mundo é diverso, e é essa diversidade que o faz crescer à medida que todos nós usamos de nossas experiências para melhorarmos também. O crescimento do mundo não demanda exatamente uma transformação coletiva – ela existe e é gradual –, mas começa na mudança de um único ser. Quando nos dispomos a melhorar aquilo que precisa ser aperfeiçoado em nós, o mundo muda. Ele já não é mais exatamente o que era antes, porque alguém ali começou a projetar uma nova energia, o que afetará os seres à sua volta. Cada atitude nossa reverbera como uma onda. Nossas palavras e nossos comportamentos afetam o mundo e as pessoas com as quais convivemos, pois eles também são transformados. Jamais sabemos, por exemplo, a força que um simples sorriso, uma palavra de incentivo ou um gesto de amor pode ter na vida de alguém, e como a mudança de atitude dessa pessoa impactará nas que fazem parte da sua convivência. O bem é uma onda silenciosa, mas que se espalha e tem consequências para além do que podemos imaginar ou prever. Por isso, todo esforço individual é importante, porque o mundo ganhará com isso, mesmo que a pessoa não perceba nem saiba de que forma ou qual é o tamanho do impacto que seu progresso causará nele.

Toda melhora interna exige que a pessoa se destaque um pouco da coletividade e dos velhos padrões pautados no ego e nas ilusões superficiais. Não se trata de se tornar uma pessoa reclusa, sem vida social, que busca passar uma imagem de santidade ou que evita ter uma vida "comum". Trata-se muito mais de ter um novo olhar sobre a existência, uma nova maneira de compreender seus elementos, de agir por uma nova consciência e tentar elevar suas relações, seu trabalho, suas amizades, suas atitudes de modo geral para um padrão mais sadio, tanto para a mente como para a alma.

Nesse contexto, não se deve esperar por uma melhora do mundo para buscarmos desenvolver o melhor em nós. O mundo progride à medida que nós evoluímos. É muito comum as pessoas se sentirem desanimadas diante da realidade do mundo, crendo que suas ações são inúteis ou insignificantes, quando, na verdade, são exatamente elas que farão toda a diferença para si e para os demais. Esperar o mundo estar "bem" para que também fiquemos "bem", e, mais do que isso, para que façamos o bem, é cair na ilusão de um paraíso material. Esperamos que tudo esteja em paz para estarmos felizes. Um mundo sem disputas, sem doenças, sem pobreza, sem desastres naturais, sem preconceito, sem violência. Além disso, que não nos julgue e nos entenda. Todos esses pontos são válidos, mas pelos quais devemos "trabalhar" e não "esperar". É necessário aprender a conviver com essa realidade, não de forma passiva, mas consciente, entendendo que todas as coisas passam por um tempo de transformação e que têm uma razão de ser.

Afinal, o mundo em si é um grande laboratório interior. Um grande instrumento universal que faz parte da nossa estrada de progresso. O uso dele está a cargo da nossa consciência, e enxergar sua beleza depende unicamente do olhar que lançamos sobre ele. Aqui temos as oportunidades de que precisamos, conhecemos as pessoas com as quais temos afinidade ou necessidade e podemos doar e receber. Os desafios são estímulos que podem nos parecer um mundo cheio de dores e sofrimentos, mas que, na verdade, são oportunidades. É quando compreendemos melhor que a dor nem sempre está no mundo, mas no nosso modo de ver as coisas. Para iniciarmos essa mudança, nosso grande desafio é superar o nosso ego e o nosso egoísmo, que nos prendem à materialidade, para que, enfim, possamos ver além!

4
O EGO

"A alma vivencia as experiências por meio das coisas; o ego crê poder possuí-las."

Praticamente todas as pessoas já ouviram alguma vez algo que se referia ao "ego". Ele é um conceito da Psicologia, inicialmente parte da teoria das três estruturas do aparelho mental, as chamadas estruturas psíquicas, elaborada pelo psicanalista Sigmund Freud. Embora tenha sido abordado por outras linhas teóricas da psicologia, o ego tornou-se parte do vocabulário popular, sendo também muito usado por diversas outras linhas filosóficas e espiritualistas para descrever o nosso eu externo, ou seja, o eu social.

A chave do ego reside nessa percepção do "eu" como identidade construída durante nossa jornada neste mundo. Em geral, aquilo que consideramos ser o nosso "eu" está muito aquém do que realmente somos. Costumamos associar o nosso "eu" com o nosso nome, a nossa aparência, a nossa história, a nossa personalidade, as nossas virtudes, bem como com aquilo que chamamos de nossos "defeitos". Por meio dessa imagem mental, criamos um personagem com o qual nos identificamos, que preservamos e, em muitos momentos, classificamos e julgamos, o qual começa a ser desenvolvido na infância e vai se estabelecendo ao longo de nossa vida. É uma maneira de identificarmos a nossa individualidade e o nosso lugar no mundo. O ego é parte da nossa constituição, do nosso entendimento mental enquanto ser vivente em sociedade. Ele não é, porém, a totalidade daquilo que somos, mas uma camada de muitas que compõem a nossa estrutura: a externa, superficial, mutável, reagente ao meio em que estamos. Pensando em nosso progresso, o ego pode vir a ser algo que nos atrapalha bastante quando a ele nos limitamos, sobretudo quando temos uma compressão equivocada a respeito de sua função. Isso acontece quando o temos como base de nossas ações, de nossas relações e de nossa visão de mundo, atitude mais frequente no mundo em que vivemos.

Ao tomarmos o ego ou a nossa imagem externa como base central de nossa vida, nossas atitudes giram em torno de adicionar elementos que acrescentem alguma espécie de valor a essa imagem pessoal. Esse processo ocorre pela identificação que fazemos com as coisas. Por nosso "eu" ser uma imagem construída com base naquilo que pensamos ser, nos identificamos com tudo que traz uma ideia de supervalorização da nossa imagem. A identificação com essas ideias presentes no mundo é o que cria e alimenta o ego constantemente. A identificação é a grande atividade do ego, a qual nos faz desejar e ir em busca de tudo que nos dê uma ideia de acréscimo e de valorização. Nesse ponto, não estamos apenas em busca de elementos que nos façam bem, mas que nos façam parecer maiores e melhores tanto dentro do nosso olhar pessoal quanto do ponto de vista social.

A partir daí, dá-se origem a grandes doenças mentais e emocionais, além de inúmeros sofrimentos, tudo causado pelo ego, a saber:

autoestima baixa, compulsões, vícios, consumo excessivo, preocupação exagerada com o desempenho, vaidade, egoísmo, vergonha, competitividade, mágoas, culpas, entre outros. Eles surgem da nossa tentativa de construir uma imagem perfeita formada pelos nossos pensamentos. O ego se ressente de tudo o que não estiver de acordo com ele, assim como também possui um sistema de defesa que repele tudo que o ameaça. Se analisarmos o período da nossa infância até os dias de hoje, veremos em quantos momentos a construção ou a defesa dessa imagem externa se originou de diversos conflitos e dores internas.

O ego rejeita o "eu verdadeiro", a essência, ou a alma, como podemos chamar, porque ela entende que nada do que é externo pode mudar a sua natureza. Ela sabe que tudo que existe serve para sua expansão, e não para a aquisição de um valor, até mesmo porque ela já o possui. A alma vivencia as experiências por meio das coisas; o ego crê poder possuí-las.

E essa crença de posse representa uma problemática: a ideia de o ego ter como base a identificação com as coisas. Tal busca reside em uma ilusão. Não possuímos nada porque tudo de que dizemos dispor é, na verdade, transitório e extremamente passageiro, cujo uso só ocorre durante um determinado tempo. Pode ser um período mais ou menos longo; porém, chegado o dia da grande passagem, deixamos esse mundo, assim como todas as coisas que acreditávamos possuir. O que é efetivamente "nosso" é apenas aquilo que segue conosco, o nosso "eu interno": sentimentos, aprendizados, nossos valores e nossa capacidade de lidar com nossas próprias emoções. O resto deixamos para trás.

Lutar para alimentar a imagem do ego é tentar dar vida a uma ilusão, ou seja, a uma miragem que se desvanecerá no fim dessa vida. No momento em que percebemos que não possuímos nada e que apenas fazemos uso das coisas, começamos a desatar as correntes do ego. Percebemos a armadilha que se esconde no que chamamos de "meu", um termo que usamos para designar as coisas das quais fazemos uso e sobre as quais temos algum direito ou responsabilidade. Mas crer possuir tais objetos, independentemente do que for – e, mais do que isso, acreditar que com eles ganharemos algum tipo de valor que antes não tínhamos –, é uma grande ilusão. A reformulação de nossa maneira de nos relacionar com o mundo se inicia quando do surgimento da percepção de valor agregado a algo sem valor real, fruto de uma atividade mental, uma relação imaginária de valor totalmente conceitual.

É muito natural que em nossa vivência social tenhamos que fazer uso de vários elementos para a nossa sobrevivência. Mas nem por isso devemos pensar que abdicar de tudo é a maneira mais adequada de não sermos enganados pelas armadilhas do ego, como não usar nada que seja externo, descuidar de nossa aparência, nossa roupa, cortar relações etc. Estamos em um mundo material, de formas, as quais fazem e farão parte de nossa vida enquanto aqui estivermos. A mudança de percepção está em entender que estamos aqui para fazer uso disso para o nosso crescimento, e não para deixar que essas coisas nos usem e nos tornem prisioneiros das ilusões das aparências. Quantas vezes não apenas sofremos na construção e na defesa desse personagem como também nos desgastamos para sustentar uma determinada imagem, seja ela qual for, para a sociedade ou para os nossos próprios pensamentos? Isso acontece porque o ego nos faz construir esse "eu ideal" que precisa ter a "vida ideal", cobrando-nos de tudo que foge disso. É aí que começamos a nos perder; que abrimos mão da nossa essência; que não exercemos mais o que realmente nos faz felizes; que trabalhamos em empregos que não nos satisfazem; que somos arrastados por relações superficiais; que nos frustramos com nosso desempenho sem reconhecer os nossos progressos; que nos comparamos aos demais, acreditando que estamos competindo; que elencamos melhores e piores; e, finalmente, que nos esquecemos de ouvir o que diz o nosso coração.

Submetidos, por nós mesmos, a tantas imagens, formas, cobranças e exigências e presos nessa hipnose mental construída pelo ego, somos arrastados por esses impulsos sem perceber por que normalizamos o jogo das aparências, nos identificamos com o personagem criado e agimos por ele, sem nos darmos conta de que tanto o roteiro quanto o personagem são elementos fictícios. E essa história é um enredo que gira em círculos. Ela sempre se repete, porque o ego tem uma sede sem fim, sentindo-se extasiado ao adquirir algo, ao encaixar-se em um determinado padrão, ao transmitir a imagem ideal ou atender a uma expectativa. Por algum tempo, ele se satisfaz, mas logo não é mais suficiente, precisando de mais. Então surgem novamente as cobranças, as exigências, uma nova imagem a se buscar. E assim a paz jamais é alcançada.

A alma, por sua vez, nunca se cala diante disso. A própria frustração sentida é um chamado dela, um sinal de que algo nessa forma de viver não está certo, mas muitos indivíduos perpetuam esse círculo vicioso buscando mais. Outros, no entanto, logo cansam desse processo, reconhecem sua inutilidade, entram em um desânimo profundo – sendo essa reação uma das causas da depressão (entre outras que podem ser o motivo dela) – e acabam perdendo o sentido de viver. Por isso, muitos são os que recorrem às drogas, ao sexo ou a outros vícios e formas de prazer para tentar resgatar essa sensação, surgindo daí as compulsões e as dependências. Há aqueles, porém, que, ao perceber esse mecanismo do ego, buscam romper com ele de maneira consciente e resgatar a própria essência, porque conseguem entender que, quanto mais distantes dela, mais longe estão da felicidade.

É fácil perceber quando estamos nos afastando de nossa essência. Para isso, basta analisarmos os nossos pensamentos, as nossas prioridades, ver o que nos traz e o que nos tira a paz. Buscar demasiado valor nas coisas revela muito sobre a nossa desconexão com o eu real que parte de nossa alma. Ela não necessita de algo para "ser mais". Ela simplesmente é. O valor da alma está em si mesma, e nada pode aumentá-lo ou diminuí-lo. O aplauso, a crítica, o julgamento e a valorização externa não possuem esse poder. Somos nós que o damos às coisas, e por uma atividade mental nos sentimos superiores ou inferiores. Nesses termos, todos estamos na horizontalidade.

Ninguém é maior ou menor. Mesmo aqueles que já adquiriram um nível de consciência mais profundo não se tornaram superiores por isso. Estão apenas em uma condição elevada de percepção que, no entanto, não diminui a importância da caminhada. Cada um possui o seu tempo e o seu ritmo e também está elevando sua própria consciência. Ninguém está atrasado ou adiantado, todos estão vivendo no próprio tempo. As coisas e as experiências do mundo não alteram o valor de uma alma, apenas trabalham para a mudança da sua percepção, o que, consequentemente, leva ao seu crescimento. Nessa jornada, os verdadeiros objetivos da alma não são para que ela se sinta maior, mais valiosa, ou para que um sentimento de inferioridade, criado e alimentado pela mente dominada pelo ego, seja estancado. O verdadeiro objetivo dela é trabalhar nossa consciência, vivendo com o que nos faz sentido e nos traz a verdadeira alegria, independentemente do que os olhos do mundo julguem certo ou do que dirá a mente, condicionada pelos valores superficiais e pelas formas. A questão não é viver uma vida que desrespeite as outras ou de dar completa vazão a emoções desgovernadas (criadas pelo ego), mas de se comportar de acordo com a nossa verdade.

É na alma que vivem os verdadeiros propósitos e a verdadeira essência do nosso "eu", algo que está além de um nome ou definição porque é pura expressividade. Quando somos verdadeiros, entendemos que o maior compromisso que temos aqui é com o nosso crescimento e a nossa paz. Percebemos que as aparências são grandes ilusões, que as coisas passam, que os aplausos nem sempre são sinceros, que não mudam em nada o que somos, assim como entendemos que as críticas negativas não possuem o poder de nos diminuir. Compreendemos que a felicidade é muito mais sobre cuidar bem de si e a maneira pela qual gerenciamos as emoções do que propriamente "ter algo". Entendemos que nada possuímos, e sim que apenas usamos as coisas e convivemos com os outros, o que deve ser feito com sabedoria. Passamos então a valorizar mais aquelas pessoas que realmente nos amam, nos aproximamos de quem é verdadeiro consigo mesmo também, criamos conexões reais e sinceras, nos afastamos do que é superficial. Continuamos sendo humanos, vivendo neste mundo, só que com um novo jeito de olhar, agir e viver.

É ilusório acreditarmos que o ego desaparecerá, que as nossas emoções e a nossa mente jamais serão dirigidas por ele em alguns momentos. O principal é estarmos atentos a isso e, sempre que possível, buscar dar vazão à alma, expressar a nossa individualidade e olhar a vida para além das aparências. Pouco a pouco, o ego, mesmo presente, já não mais será senhor das nossas ações e assim conseguiremos driblar muitas dores que eram apenas reflexos dele.

5
A DOR

"Embora tenhamos dificuldade em enxergar, a dor não é um castigo, mas sim uma mensagem da alma."

O que dói não machuca, o que dói desperta. A dor não é agradável, o que não é nenhuma grande descoberta. Ela não é um estímulo de prazer, mas exatamente o contrário disso. Sua função é chamar a nossa atenção e aumentar a nossa percepção.

Ir além da dor é uma das tarefas mais profundas e transformadoras pelas quais o ser humano pode passar, talvez uma das mais desafiadoras. Não é tarefa simples pegar um sentimento de dor e transformá-lo em alimento para a alma. Isso é um processo, porque, antes de tudo, falar de dor é falar de "dores". Para cada indivíduo, ela tem uma origem diferente, um contexto à parte, uma profundidade própria e um significado único para quem sente, pois dores podem ser físicas, mentais ou emocionais.

Seja qual for a natureza da dor, ninguém deseja senti-la. Pelo fato de ser desagradável experienciar essa sensação, geralmente entendemos a dor como algo negativo, simplesmente pelo desconforto que ela nos causa. Se fizermos, porém, um esforço para enxergarmos além dos rótulos, poderemos perceber que ela tem uma funcionalidade extremamente positiva para o nosso desenvolvimento. Embora tenhamos dificuldade em enxergar, a dor não é um castigo, mas sim uma mensagem da alma.

Por muitas vezes, nosso foco costuma ser o fim da dor. Entendemos que ela é o principal problema e queremos nos livrar desse desconforto o mais rápido possível. Entretanto, o que costuma passar despercebido à nossa consciência é que a dor não é a causa, mas sim a consequência. Camuflamos o que é nocivo e queremos nos livrar apenas do desconforto, ou seja, em vez de atingirmos a *causa* da dor, tentamos apenas no livrar da *sensação* de dor. Contudo, o desconforto por ela causado é um grande chamado para tentar mostrar à nossa consciência o que realmente precisa ser transmutado. A dor é um sintoma; desse modo, buscar meios de fuga, dos mais variados tipos, pode, eventualmente, neutralizar seus efeitos, mas não resolver, por si só, aquilo que realmente precisa de cura.

Nossa consciência é dispersa, e não são raras as vezes em que, distraídos por fantasias ou hipnotizados pelo mundo, nos desconectamos de nós mesmos e daquilo que realmente é positivo para o nosso desenvolvimento. Inconscientes, enveredamos por determinados caminhos que nem sempre são produtivos e, sem perceber, continuamos a caminhar por entre eles.

Quando nos apegamos a ilusões, estamos trabalhando contra nós mesmos; desse modo, precisamos mergulhar em nosso interior para rever nossas crenças e posturas ou, até mesmo, modificar a direção que estamos dando à nossa existência. Essa é a hora que a vida chama pela nossa consciência.

Quanto mais inconscientes estivermos, menos enxergaremos as coisas com clareza e menor será nosso poder de transformação diante disso, já que não podemos mudar aquilo de que ainda não temos consciência da necessidade. Esse processo só começa a partir do momento em que nos damos conta do que não estava trabalhando em prol do nosso crescimento e das situações prejudiciais que nos acercavam.

Se colocássemos a mão no fogo e não sentíssemos dor, nosso membro poderia ser facilmente consumido pelas chamas ou sofrer sérios danos até notarmos o que estava acontecendo de fato. Partindo-se desse raciocínio, podemos dizer que as doenças mais perigosas são as assintomáticas, que, ao se instalarem de maneira silenciosa no organismo, podem ser percebidas apenas em estágios irreversíveis. A dor surge como um grande alerta, mostrando que algo está ameaçando a nossa integridade e precisa ser combatido e transformado. Se o braço dói, logo nossas atenções se voltam para ele. Procuramos entender o que aconteceu e, mesmo que outras situações possam estar acontecendo conosco, estas ficam ofuscadas diante da dor, que chama a atenção da nossa consciência; tal qual, quando a dor é emocional, precisamos voltar as nossas atenções para dentro.

A vida se vale de diversos estímulos para atrair a nossa percepção, variando em maneira e em intensidade, sempre de acordo com o que melhor respondermos. Por exemplo, há pessoas que, para acordar de manhã, não necessitam de estímulos, pois conseguem despertar sozinhas; outras, porém, precisam da ajuda de um despertador ou de alguém que as chame. Por analogia, para determinados aspectos de nossa vida, alguns acordarão, ou seja, perceberão a situação facilmente – mediante análise, intuição ou conselho de alguém, por exemplo –; outros, por sua vez, só notarão quando for a dor que estiver chamando.

Todos nós temos medo da dor e do sofrimento. Por isso os consideramos grandes inimigos da nossa felicidade e do nosso bem-estar, quando, na verdade, eles são importantes direcionadores. A dor é parte da caminhada, sendo muitas vezes ela a nos apontar o melhor caminho.

A dor não precisa ser cultivada, alimentada, venerada, tampouco temida ou recriminada, mas, antes, compreendida: de onde surgiu e o que pode estar querendo dizer? Em seguida, necessita ser extravasada. A dor nos visita, porém não deve fazer morada em nosso mundo interior. O choro, a catarse, o luto e a tristeza são agentes que nos permitem vivenciar e extravasar nossa dor, para então partirmos para um novo estágio, que é o da transformação.

Transformar a dor em uma experiência que nos permita despertar para uma nova percepção é um processo. Não existe um tempo específico e não se trata necessariamente de uma caminhada ascendente. O processo de ressignificação da dor tem suas curvas e nuances, seus altos e baixos, e passa por diversos mecanismos.

Culpar-se por sentir dor é tão nocivo quanto pensar que ela jamais poderá ser transformada. O perfeccionista que não permite sentir sua dor, que considera a si mesmo como o único responsável pelos seus sofrimentos – e que, na mesma medida, não se permite errar –, acaba preso às suas próprias críticas, quase como se acreditasse que esse sentimento fosse um castigo merecido por seus equívocos.

No outro extremo, há aquele que pensa que está preso à sua dor e acaba por construir para si mesmo o personagem de vítima impotente. Faz da dor uma justificativa inconsciente para não entrar em contato com seus medos e com tudo que precisa ser transformado em sua vida.

Faz parte da função da dor nos levar a esse mergulho interno, que nos tira as certezas, que arranca as vendas que cegavam nossos olhos, que nos põe de frente com nós mesmos. Por isso ninguém sai igual após essa experiência. Toda dor é um chamado que leva nossa consciência a uma transformação e, por consequência, a uma saída daquilo que realmente ameaçava o nosso bem-estar.

A dor faz parte do caminho de todos os seres, portanto é natural e muitas vezes necessária. Quando ela chama à consciência, nossa postura não deve ser de medo, culpa ou impotência, e sim de entendimento. Não é um processo fácil e não precisamos gostar dele, apenas ter paciência, aceitação e vontade de mudar. Precisamos compreendê-lo como uma oportunidade de iluminar os pontos de nossa vida que necessitam de luz. Todos nós temos algo a clarear, ilusões que precisam ser abandonadas, sentimentos que carecem de entendimento e de fortalecimento; por isso, nessas horas, por mais desconfortável que seja, a dor pode ser uma grande bênção. Por si só, ela não nos transforma, mas chama à consciência, a qual realiza esse trabalho, porque sentir dor não é o mesmo que sofrer. O sofrimento só aparece quando tentamos fugir desse trabalho de mudança.

6
O SOFRIMENTO

"O sofrimento surge porque há uma mensagem da alma para nós, um chamado para a liberdade!"

Por que sofremos?

Passar pela dor é inevitável, mas o sofrimento só acontece quando nos prendemos a ela. O sofrer é a dor que se perpetua, geralmente pela nossa insistência em lutar contra a realidade e a nossa relutância em mudar de perspectiva. Por isso que os maiores sofrimentos não são físicos, mas mentais, nascidos dos pensamentos que insistem em nos prender em uma ideia de vida que sufoca e oprime.

Nesse sentido, todos nós somos prisioneiros. Não de um determinado lugar por termos cometido um crime ou porque estamos subjugados por alguém, contra nossa vontade, mas somos presos em nós mesmos, de modo que a mente é a nossa prisão e os pensamentos se tornam correntes mais fortes que as de ferro: enquanto estas prendem o corpo, pensamentos mal direcionados aprisionam a alma.

E, mesmo que isso ocorra em nossa mente, é importante entender que ela não é má, nem perversa, muito menos maliciosa. A mente é um aparelho, atributo de nossa alma, para a organização e a estruturação do nosso mundo. Por meio dela se expressam o nosso raciocínio, as nossas ideias e a maneira como enxergamos a existência. Tudo o que existe passa pelo nosso pensar e pelo nosso sentir, de modo que a maneira como interpretamos o mundo e a intensidade como o sentimos é o que se torna a vida para nós.

Quem não percebe o que passa em sua mente tampouco busca entender aquilo que sente, torna-se refém dos próprios pensamentos e escravo das emoções. Ademais, a busca pela felicidade entra diretamente nessa questão. Quando falamos em não sofrer, ou seja, em aplacar o que ocorre em nossa mente, estamos dizendo sobre o que nos torna feliz e nos satisfaz.

A felicidade em si foi estudada por muitos pensadores, filósofos e líderes espirituais ao longo da história. Nesse contexto, a grande maioria concorda que a resposta do que nos faz feliz é subjetiva. Nessa direção, muitos entendem que ser feliz está ligado à realização de determinado desejo ou a atingir uma determinada meta de vida. O mais curioso nessa concepção é que, inconscientemente, ao mesmo tempo que elencamos o que nos fará feliz e nos libertará do sofrimento, estamos condicionando a nossa felicidade a certa ideia. Logo, acabamos sofrendo por não estar vivenciando uma felicidade por nós construída.

Não é exatamente mais feliz aquele que alcança todos os seus desejos. Apesar de experimentar uma grande dose de alegria e euforia, essas sensações se desfazem assim que a situação passa ou quando as conquistas se tornam habituais. Logo surge a sede por mais e se constrói um ciclo de insatisfação interna, o qual buscará no mundo algo que aplaque essa sede incessante.

Sem percebermos, tornamo-nos escravos de nossos próprios sonhos. As ideias de felicidade viram o próprio motivo de nosso sofrimento quando não estão sendo atingidas. Aquilo que seria a nossa grande liberdade é, na verdade, o que inconscientemente nos mantém presos à dor.

A compreensão disso tem poder de libertação e de quebrar esse ciclo, que, como vimos, é traçado pelo ego. Romper esse elo não se trata de acreditar que nossos sonhos são algozes, mas de compreender que a consciência é o que nos permite saber que o sentimento de felicidade, de realização, de plenitude, está dentro de nós, na aceitação e na compreensão da fluidez da vida. Nossos sonhos são mecanismos que nos movem nas experiências que tocam a profundeza da nossa sensibilidade. Sonhos não são nossos senhores, mas caminhos cheios de nuances, de estímulos repletos de significados que vão além da mente. Na maioria das vezes, aquilo que absorvemos durante a caminhada acaba se tornando mais valioso do que a conquista em si. Só se liberta quem se permite vivenciar seus sonhos sem colocar neles o poder de serem a única fonte de felicidade, apreciando, em vez disso, as paisagens e as pessoas pelo caminho.

O sofrimento comumente é mal interpretado. Ele não é fruto da não realização de um sonho, mas surge porque há uma mensagem da alma para nós, um chamado para a liberdade! Quando o sofrimento é físico, ou seja, aparece como dor corporal, busca-se a saída por meio de algum remédio para aquilo que produz a dor. Quem sofre em razão de uma relação abusiva (afetiva, profissional, familiar), em decorrência de algum tipo de acidente (de maior ou menor grau) ou por alguma doença (de ordem física ou mental) busca encontrar algo que o tire dessa situação. Já os sofrimentos de ordem emocional são chamados da alma para nos libertar das ideias que nos prendem a uma imagem que fazemos da felicidade.

Ademais, outro sofrimento é o decorrente da morte. Sofrer pelo falecimento de alguém querido é natural; no entanto, a origem desse sentimento pode estar na maneira como nos prendemos à ideia de posse do outro. Eu ignoro a realidade e decido que só posso ser feliz se o outro estiver fisicamente próximo a mim. Aqueles que aprendem a lidar com a perda não deixaram de amar as pessoas que se foram. Ao contrário, compreenderam, primeiramente, que não perderam aquilo que jamais tiveram. Ninguém é de ninguém, e não temos direito nem poder sobre a vida do próximo. O sentimento por alguma pessoa não está ligado apenas à presença material, mas sim a todo um conjunto de lembranças e de respostas emocionais a respeito dela, que continuará existindo. Quem aceitou também compreendeu que, embora fosse muito bom ter aquelas pessoas por perto, não significa que a felicidade como um todo residia apenas nisso. Ou seja, aprenderam a flexibilizar a ideia de felicidade ante a nova realidade.

Igualmente, sofrer por uma perda afetiva também é experienciar uma morte, ou seja, a perda de alguém ou uma mudança de estado das relações acarreta um luto. E o processo de superação dessa dor é o mesmo. Se a pessoa estabelecer que só pode ser feliz se determinada pessoa a amar, indo contra o que a realidade apresenta, transforma o que era uma dor, que passaria por um processo de ressignificação, em um sofrimento contínuo, em um estado de refém. Nesse contexto, existem dois tipos de pessoas que são grandes reféns do sofrimento: aqueles que nunca querem sofrer e aqueles que pensam que a vida se resume a isso.

Quem pensa que não deve sofrer é aquele que acredita que a vida vai sempre seguir as suas fantasias ou, então, que vai conseguir se esquivar de todas as decepções e situações inusitadas. Ninguém está imune de passar – essa é a palavra – pelo sofrimento. Passaremos por ele de modo que aja como um purificador da nossa consciência, como pessoas que ouviram um chamado para perceber os grilhões que as estavam prendendo e para identificar quais eram os pensamentos que as mantinham ali.

Já quem pensa que a vida se resume a sofrer inconscientemente vê a si mesmo como alguém incapaz de lidar com a dor ou com uma desilusão inesperada. Sofre com o que lhe é conhecido, não exercita as suas forças e não vivencia a vida em sua totalidade de nuances entre a dor e o prazer, a certeza e a surpresa e a desilusão e a autorrealização. Assim, transforma o que era uma dor em sofrimento e não se abre para superar esse estágio.

O sofrer faz parte da nossa condição humana. Não é um mecanismo de castigo divino ou uma taxa a ser paga, no sentido de que só se pode ser feliz se, primeiro, sofrer e pagar pelos erros. O sofrimento é um purificador do nosso olhar distorcido diante das ilusões por nós construídas, fabricadas por vezes de modo consciente ou simplesmente por nossa limitação humana.

Já sofremos e em algum momento voltaremos a experienciar a dor, um contraste que nos atingirá sempre que precisarmos reavaliar nossos valores, nossas ideias e nossas atitudes. No entanto, jamais devemos nela estacionar, acreditando que é permanente ou que a única saída são as realizações dos próprios desejos. Mesmo que estes sejam bons, a libertação maior é obtida pela consciência. Ou seja, só nos libertamos da dor de modo pleno quando percebemos que é o nosso apego a essas ideias que geravam o sofrimento. Sidarta Gautama, o Buda, já elencava o apego como a grande raiz do sofrer. O *Dukkha*, palavra de origem páli da tradição budista, que podemos entender como sofrimento ou insatisfação, coloca o sofrer como uma condição humana da mente apegada ao mundo.

Nessa condição, o sofrimento invariavelmente se apresenta para nós, pois é inevitável sofrer de alguma maneira e em algum momento. O evitável, porém, é a permanência e o retorno constante a essa experiência de dor por meio de nossa mente. Ela é nossa gaiola e, ao mesmo tempo, nossas asas. A diferença está em como a estamos usando.

Quando passamos a ver o sofrimento pelos olhos da alma, entendemos que, embora faça parte da natureza, não se resume à totalidade da existência. Nosso contato com o sofrimento não se torna mais de revolta, e sim de humildade. Na consciência de que todo sofrer é uma limitação do nosso olhar, que ainda não enxerga a verdadeira solução, o sofrimento nos ensina a aprofundar e ampliar o nosso olhar, como um pássaro que se liberta da sua prisão, alça voo e, nas alturas do céu, percebe que, para além da gaiola em que fora colocado, há todo um mundo amplo e infinito, cujo olhar, naquele momento, não conseguia enxergar. À medida que ampliamos nosso olhar, ganhamos nova força na relação com as nossas dores, evitamos sofrimentos e podemos, enfim, entender e ressignificar todas as nossas desilusões.

7
A DESILUSÃO

"Abençoada é a chegada da desilusão, que tira a venda que cegava nossos olhos e nos faz enxergar a verdade que vem da alma."

Abençoada é a chegada da desilusão, que tira a venda que cegava nossos olhos e nos faz enxergar a verdade que vem da alma. Dizer que toda desilusão é uma bênção pode parecer algo muito forte e contraditório, porque ela nos traz dor, e ninguém considera essa sensação agradável, como vimos anteriormente. Costumamos entender como graça tudo aquilo que é agradável aos nossos sentidos e atenda aos nossos desejos. Entretanto, nem sempre percebemos que receber aquilo que não queremos muitas vezes é um processo de libertação daquilo que não necessitamos. Existem bênçãos que vêm disfarçadas até mesmo em forma de dor para extrair de nossa vida aquilo que nos intoxicava sem que percebêssemos.

Contudo, a dor gerada pela desilusão é apenas um subproduto de sua real função, que é nos aproximar da verdade. Ou seja, seu objetivo não é a dor em si mesma, mas o tirar das vendas que nós mesmos colocamos em nossos olhos. A desilusão nada mais é do que um processo de desconstrução de todas as ilusões que pouco a pouco construímos como grandes castelos de areia prontos a desmoronar a qualquer instante.

No momento em que a desilusão ocorre, não há mais possibilidade de fantasias, pois ela traz a oportunidade de vermos as coisas como realmente são para além das idealizações que criamos em nossa mente. Ninguém pode ser feliz construindo um mundo, uma relação ou um futuro diante de fantasias. Todos nós temos a tendência de projetar nossos desejos e nossas vontades sobre o outro e sobre o mundo, esquecendo-nos de que "vestir" o outro com aquilo que queremos que ele seja não torna isso realidade.

Essa idealização do mundo e das pessoas que acarreta a desilusão é aquilo que chamamos de *expectativa*. Todos, sem exceção, temos expectativas. De uma maneira consciente ou não, nossa mente tem a tendência de projetar os nossos desejos e anseios sobre os indivíduos e as circunstâncias que nos envolvem. Se os nossos olhos enxergam uma realidade, a mente já está desenhando probabilidades futuras, geralmente sem considerar uma base sólida para isso. Esse processo de expectativa, mais do que natural, pode ser tranquilo se estivermos conscientes de que toda expectativa é uma entre muitas possibilidades, e não a realidade em si. Quando tomamos a fantasia por real, atraímos a desilusão de maneira inevitável.

A verdade e a ilusão se mesclam no caminho da descoberta. Ninguém é culpado por não conhecer antecipadamente o outro ou a situação que viverá. Contudo, justamente porque ninguém conhece o outro a fundo, precisamos ter a consciência de que todo processo de descobrimento do outro requer uma disposição em estar aberto a ver o real, não apenas aquilo que queremos enxergar.

Precisamos perceber que nada nem ninguém está aqui para ser exatamente o queremos. As pessoas carregam em si mesmas a própria individualidade e o direito sagrado de serem quem são (com seus limites e suas potencialidades), bem como de mudarem e evoluírem no próprio ritmo. Cabe a cada um de nós ter consciência e paciência para conhecer o outro aos poucos e, acima de tudo, sabedoria para decidir o que aceitamos ou não em nossa vida, pois, quanto maior o apego às nossas fantasias, maior é a dor quando elas não se mostram reais.

Nem todas as situações que vivemos – a grande maioria não – terão o desfecho por nós imaginado. Isso não acontece porque a vida trabalha contra nós e em favor do nosso sofrimento. A vida simplesmente é. Dentro do seu fluxo, das suas leis, de propósitos individuais e coletivos que transcendem a nossa capacidade de compreender. A vida vai muito além do que nossa mente pode vislumbrar em sua capacidade ainda limitada. E é por isso que todos nós já passamos e vamos passar por desilusões, o que, de maneira alguma, é uma visão pessimista da vida. É apenas uma análise consciente pautada nessa discrepância entre as nossas fantasias e a realidade.

Estar preparado para a desilusão, compreendendo-a como um processo que faz parte de nossa vida, permite que nos aproximemos da verdade. Nossa vivência vai aos poucos descortinando tudo aquilo que era apenas uma fantasia e revelando o que era real. E nenhuma fantasia, por melhor que nos pareça, é suficiente para satisfazer a nossa alma, porque só a verdade fortalece, liberta e constrói sonhos e relações sólidas, profundas e realizadoras.

Quando preferimos a ilusão, estamos nos agarrando a um ideal como se dependêssemos dele para a nossa felicidade. Sonhos, quando realizados, nos proporcionam um momento único. Mas temos que ter a coragem de encarar quando aquilo que queremos não é o que a realidade nos apresenta no momento. Nessa hora, a dor surge como se a ilusão fosse uma venda colada aos nossos olhos e que machuca ao ser retirada. Após o impacto, porém, percebemos que não estávamos enxergando com clareza, e que só agora podemos analisar de que forma realmente podemos chegar aonde queremos. Em um primeiro momento, a ilusão agrada, depois nos paralisa e, por fim, se desfaz. A verdade, por sua vez, machuca, depois nos liberta e, no final, nos realiza.

Nossas dores, como vimos anteriormente, são, em parte, atreladas às ideias a que nos agarramos. Quanto mais nos apegamos a uma ilusão, maior é o sofrimento gerado no processo de perceber que ela não era real.

De todo modo, nossa vida é, em si, um despir contínuo de nossas ilusões. Semidespertos entre a realidade e as nossas fantasias, a vida nos acorda pouco a pouco, limpando de nosso caminho aquilo que era superficial e revelando o que verdadeiramente tem o poder de satisfazer e de alimentar nossa alma.

A desilusão machuca quando chega até nós, nos coloca em crise, faz com que nos sintamos traídos. No entanto, ela nos chama ao real, nos liberta de situações e pessoas que não eram o que pensávamos, nos faz pôr os pés no chão, nos assusta no começo, contudo nos traz o conhecimento, a experiência e a solidez para procurarmos coisas que realmente sejam de verdade. E, no futuro, quando olharmos para trás, perceberemos que cada desilusão foi, na verdade, uma libertação em nossa vida. Para enxergarmos assim, precisamos estar abertos à verdade das coisas, priorizar a alma ao ego, que quer tudo do seu jeito, e não aumentar ou dramatizar situações que apenas tornam nossas dores e desilusões maiores do que realmente são.

8
O DRAMA

"Libertar-se do drama é enxergar cada situação pela perspectiva da alma. É jamais se diminuir e jamais acreditar que é necessário se fazer de fraco para ter a atenção alheia."

Como vimos, todas as pessoas sofrem ou já sofreram em algum momento. A dor é algo a que todos estamos expostos, independentemente de gênero, classe social ou lugar de nascimento. A dor nos iguala. Apesar de os desafios serem distintos, assim como a condição de cada um, todos já enfrentamos problemas e tivemos nossa dose de sofrimento acerca de algo.

Todo problema é, na verdade, um desafio. É algo que nos confronta com a nossa realidade e a nossa capacidade de encontrar respostas. Mesmo que de maneira difícil, estimula o nosso crescimento, nos tira de nossa zona de conforto e traz consigo ao menos algum tipo de aprendizado. Ninguém deseja passar por problemas, tampouco considerá-los agradáveis. Mas nem sempre podemos evitá-los. A questão mais importante diante dos problemas é como lidamos com eles; ou seja, antes precisamos compreender se eles realmente existem ou se foram criados pela nossa mente para descobrirmos qual é a sua real dimensão.

Um problema nunca é apenas uma situação externa: não importa a sua natureza, ele sempre diz respeito a uma condição externa em frente da nossa capacidade interna. Muitas vezes a nossa maneira de ver determinada situação origina o problema e o alimenta. Isso ocorre quando ele está em nossa maneira de ver. E é assim que tornamos situações pequenas em coisas que abalam extremamente o nosso emocional, em virtude do drama.

O drama é a atitude de tornar determinado evento maior do que ele é, atribuindo um peso mais denso do que ele teria caso fosse visto com consciência e racionalidade. A postura dramática carrega uma visão exageradamente pessimista da vida e de si mesma. Existem indivíduos que dramatizam situações específicas; outros, por sua vez, qualquer situação que lhes aconteça, os quais podemos chamar de pessoas dramáticas.

Além disso, o drama tem a sua raiz no ego, visto que está diretamente ligado à maneira como nos enxergamos. Quando temos uma autoestima baixa, nos vemos como pessoas fracas, vulneráveis, carentes de atenção, desiludidas com a vida, geralmente em virtude de experiências frustradas, tendo, assim, mais probabilidade de dramatizar nossas vivências. Isso acontece porque o drama não é um elemento ao acaso, mas sim uma estratégia do ego para conseguir algo ou para se proteger de uma possível "ameaça". Esse "algo" que o ego busca com o drama geralmente são a atenção e a solidariedade dos demais, bem como se esquivar de alguma responsabilidade. Apesar de costumar ser uma atitude inconsciente, é bastante comum. No momento que dramatizamos, aumentamos uma situação e cremos estar vulneráveis a ela. Ao fazermos isso, construímos uma imagem frágil de nós que necessita de ajuda e, dessa maneira, ganha a atenção alheia. Esse ser frágil parece ser incapaz de fazer mal ou errar, por isso ele sempre prega que a responsabilidade e a culpa são do outro ou, então, do mundo. O dramático não busca saídas ou soluções para o(s) seu(s) problema(s), porque, ao extingui-lo(s) de sua vida, acabará com a existência de um personagem. Ou seja, é se admitir forte por superar suas dores e, então, não necessitar mais da atenção alheia. Por isso, a postura é sempre enfatizar as próprias dificuldades, os próprios "defeitos", os "erros" dos outros, as experiências difíceis enfrentadas. Outra atitude comum é que as próprias dores são sempre maiores que as dos demais, pois o drama é uma lupa que tudo aumenta.

Buscar a atenção ou o apoio alheio com o drama é uma grande armadilha inconsciente a que todos precisamos estar atentos. Trata-se de um mecanismo muito usado na infância, período em que a criança ainda não tem a real dimensão dos seus desafios e da dinâmica da vida. Quando ela perde um brinquedo, por exemplo, mesmo possuindo muitos outros, manifesta um grande sofrimento. O brinquedo em si pode nem ser tão importante nem mesmo mais usado; mas, ainda assim, ela não sabe lidar com a perda de algo. Em muitos momentos, o choro, a birra e o drama são apenas para ganhar a atenção dos adultos. Apesar de crescidos, continuamos a fazer uso desse mecanismo em muitos momentos de nossas vidas. Conservamos essa criança interior que aprendeu que, com o drama, pode conseguir o que quer ou que não precisa assumir a responsabilidade sobre algo, mesmo que não percebamos isso. É uma atitude que precisa ser analisada em nós, porque pode estar ligada à não superação de nossa infância. Quando isso acontece, habita em nós um constante sentimento de insegurança, como se precisássemos de alguém a todo momento. Não nos sentimos confiantes em fazer escolhas ou assumir responsabilidades. Essa não superação pode estar ligada à maneira como fomos criados, desde o cuidado excessivo por parte dos pais, que não nos ajudaram a exercitar a autoconfiança, até a falta de afeto, pois nos sentirmos amados é uma das maneiras mais profundas de nos sentirmos seguros. Não importa qual tenha sido nosso passado, precisamos compreender que temos inúmeras capacidades e que podemos desenvolver esse afeto e essa segurança sem precisar de apoio no drama para conquistar isso de outras pessoas.

É importante notar, no entanto, que o drama é diferente da queixa ou do desabafo. É muito natural reclamar das situações difíceis que enfrentamos, buscar ajuda, desanimar em alguns momentos, enxergar-se de maneira fragilizada. São situações naturais da nossa dinâmica emocional diante da vida. O que diferencia isso do drama é que, quando não dramatizamos, estamos em busca da solução, fazendo uso do nosso raciocínio para analisar as situações que estão diante de nós, ouvimos mais a razão do que a emoção, buscamos o carinho alheio pela naturalidade de sentimentos, e não por meio da busca da piedade dos outros. Em algum momento, inevitavelmente, apelaremos para o drama sem nem perceber. Ele assume várias configurações: o drama nem sempre aparece na forma de reclamação ou choro; pode estar na cobrança desproporcional direcionada a alguém; na frieza de quem não demonstra sentimentos por medo de parecer fraco; na teimosia daqueles que se apegam a mágoas e não se permitem perdoar; naquele que se vitimiza; como também naquele que acredita ser o responsável por todos os problemas. Toda forma de exagero é drama.

O drama, além de não resolver nada, distorce a realidade, nubla os caminhos que apontam para as soluções e suga todas as nossas forças. Ele nos fragiliza e nos coloca diante de um cenário de sofrimentos sem fim, independentemente do que esteja acontecendo na realidade. Ele apenas piora as coisas e tira a nossa disposição de enfrentar as dificuldades. O primeiro passo para resolver um problema é enxergar a situação como ela é. Desse modo, a melhor maneira de fugir do drama é procurar ser racional e consciente, sem diminuir as próprias forças, analisando as opções e tomando as decisões de modo prático. Quando fazemos isso, percebemos que nem sempre as situações eram grandes, e sim que nós nos fazíamos pequenos.

Libertar-se do drama é enxergar cada situação pela perspectiva da alma. É jamais se diminuir e jamais acreditar que é necessário se fazer de fraco para ter a atenção alheia. Muitas discórdias, brigas e circunstâncias difíceis podem ser evitadas – até com certa tranquilidade – se, em vez de fazermos drama, tomarmos uma boa dose de discernimento, sensatez, valorização das nossas forças e reconhecimento das nossas reponsabilidades. Para sair do drama, é necessário entender que nem sempre a solução é da maneira que gostaríamos ou do jeito mais agradável. Mas é preciso amadurecer, sair da infância das emoções e tomar o caminho da solução, mesmo que ele seja o mais amargo. O mais importante é resolver as coisas, superar os desafios e pacificar os conflitos. Quem não dramatiza assume a força que tem, não tem medo de ver a verdade, de assumir a responsabilidade e procurar analisar o que é realmente justo em qualquer situação para encontrar as soluções devidas. Às vezes, a tempestade não está lá fora, mas apenas em nossa mente; isso, sim, é largar o drama e assumir a consciência sem se abater ou ser consumido pela tristeza.

9
A TRISTEZA

"Não devemos dramatizar a tristeza; devemos ouvi-la e usá-la como um sinal de que chegou o momento de buscarmos o que nos faz sentido, sem medo de viver, de arriscar ou de sermos sinceros com nós mesmos."

A tristeza é um dos sentimentos mais reveladores em nossa vida. Ela pode ser extremamente desagradável, tanto que aparentemente muitas de nossas atitudes são no sentido de fugir dela.

Dizemos que buscamos a felicidade como se ela fosse um objeto que pudesse ser encontrado ou um estado perene do ser. Esse tipo de idealização, em um mundo ainda cheio de contradições e com nossas próprias limitações emocionais, é um tanto utópico. A frustração gerada pela busca de um estado que parece nunca ser alcançado é, em muitas ocasiões, a grande causadora da tristeza. Antes de tudo, é preciso compreender que, assim como não devemos "fugir" da tristeza, não devemos "correr atrás" da felicidade, ao menos não nesses termos.

Todos somos humanos, com limitações e virtudes, com sentimentos e instintos, com emoções que afloram, mudam e variam de intensidade conforme o momento e a circunstância. Além disso, nenhuma emoção é, em si, negativa. Elas podem ser desagradáveis ou não, assim como a maneira como reagimos a elas dentro de um contexto pode nos trazer resultados positivos ou negativos. A maneira como sentimos, compreendemos e gerenciamos as nossas emoções é que representa o processo que colabora para o nosso equilíbrio interno e externo. Viver uma vida mais estável é parte disso, desse entendimento da vivência de nossas emoções como aspectos naturais do nosso ser.

Em geral, os problemas começam ou se agravam em razão de um desequilíbrio interno que nada mais é do que uma ignorância momentânea em lidar com nossos processos emocionais. Somos educados acerca de como devemos nos comportar em sociedade, do que é mais correto dizer, de como as leis devem ser seguidas, porém poucas coisas nos educam sobre o que há dentro de nós e de como identificar o que sentimos e lidar com isso.

Assim, frequentemente crescemos em uma saga individual em que ora encontramos suporte, ora acabamos sofrendo com o trauma de experiências mal resolvidas que vão se acumulando dentro de nós pouco a pouco. Nesse sentido, é vital buscar o suporte mental e emocional para auxiliar nesse processo, seja por meio de atendimento psicológico, seja por meio de livros ou práticas que nos ajudem no caminho do autoconhecimento. Cada um responderá à linguagem que mais lhe fizer sentido; o mais importante é levar essa situação a sério.

Outro aspecto da tristeza é que, embora seja um sentimento extremamente natural, é mal compreendido. Exigimos de nós uma felicidade constante e não nos permitimos aceitar e entender os nossos momentos de melancolia, o que gera frustrações, culpas e julgamentos que apenas intensificam o processo. É uma grande armadilha cair na falsa positividade, que consiste na atitude de quem não se permite ver o que está desagradável e jamais admitir estar triste ou ressentido com alguma coisa. A verdadeira positividade, no entanto, entende a tristeza como parte da caminhada de crescimento, sem ignorá-la, pois ela deve ser usada como um instrumento de autoconhecimento.

A tristeza é profundamente reveladora. Por meio dela, podemos identificar o que nos faz bem e o que nos faz mal, do que gostamos ou não, quais pensamentos estão favorecendo o nosso crescimento e quais o estão limitando e o que precisamos mudar externamente para alinhar com o que faz sentido à nossa alma.

É preciso salientar que existe uma diferença gigantesca entre a tristeza e a depressão. Esta é um estado mais complexo, profundo, constante e com impactos visíveis e diretos na vida de uma pessoa. Ela não só engloba o sentimento de tristeza e de vazio como também apresenta outros sintomas, como a ansiedade, a angústia, o cansaço físico e emocional, os quais deixam a pessoa sem energia para realizar mesmo as atividades de que gosta. A tristeza faz parte da depressão, mas senti-la não significa que se está deprimido. A depressão é um transtorno que necessita de acompanhamento profissional tanto psiquiátrico quanto psicológico para ser diagnosticado, entendido e superado.

Por sua vez, momentos de tristeza são naturais, fazem parte do nosso processo de crescimento. Mesmo que tenhamos conquistado muito, que estejamos cercados de pessoas que nos amam, que nossa saúde física e emocional esteja bem ou que não tenhamos nenhum grande problema em particular no momento, eventualmente a tristeza virá.

Comumente, ela surge de alguma frustração ou desilusão, por exemplo, quando alguma meta que tínhamos em mente não se concretiza. A importância que dávamos a ela ditará muito da intensidade, tanto do sentimento de tristeza quanto do tempo necessário para superá-lo. Há, portanto, um pedido de reavaliação e reformulação de nossos planos.

Ademais, a tristeza surge em momentos inesperados e sem uma razão específica. Por ser o resultado de um acúmulo de experiências, pode não ser originada em um episódio recente. De modo geral, ela surge para nos lembrar de questões que não foram bem resolvidas dentro de nós: o peso da rotina, os planos para o futuro ou até mesmo a nossa negação em lidar com esses pontos, todos "varridos para debaixo do tapete", ou melhor, de nossa consciência. Então a tristeza vem como um chamado para o acerto de contas com esses fatores. Não é como se pudéssemos mudá-los externamente, mas, por meio da tristeza, temos a oportunidade de redefinir o olhar acerca dos aspectos para organizar o nosso emocional.

Uma pessoa que aceita sua tristeza, sem críticas, medos ou julgamentos, faz desse instante um processo sagrado, porque é aí que a transformação pode se iniciar. Esse indivíduo mergulha em seu próprio processo interno, como aquele que não teme encarar a si mesmo, ter que ressignificar suas dores, dar uma resposta aos seus sonhos ainda não vividos ou, ainda, redefinir a rota de sua vida. Essa pessoa também sabe que a tristeza é apenas a superfície, uma capa escura que esconde por detrás dela os anseios da alma e os significados de uma vida mais profunda. Sentir a nossa tristeza e analisá-la é arrancar essa capa escura e enxergar o que queremos de verdade. Ali encontramos algo muito maior. O vislumbrar da nossa própria lenda, da missão da nossa alma e do retrato das coisas que fazem sentido para nós. Quem identifica isso encontra por baixo dessa capa os instrumentos que o levarão a uma vida cheia de significado.

Encaremos, pois, a tristeza como um estado que sempre voltará para nos fazer lembrar de quem somos, do que queremos e para onde estamos indo, principalmente quando estivermos nos desviando de nossa trajetória ou nos esquecendo de quem realmente somos e do que viemos fazer aqui. Para além desse estágio está a nossa força interna para quebrarmos nossas ilusões, para sermos verdadeiros conosco e para termos a atitude de viver aquilo que faz palpitar a felicidade dentro de nós.

Contudo, a tristeza não se venera, e sim se respeita. Jamais devemos subestimar a força que ela tem de mudar e de transmutar nossa vida. Quantas vezes, depois de uma crise profunda de tristeza, você não decidiu reformular alguma coisa ou iniciar algo que transformou radicalmente sua vida? No entanto, ela não faz isso sozinha. Deixar-se simplesmente envolver por ela e usar o seu manto é criar uma atmosfera de amargura que suga nossa motivação. Esperar que alguém surja ou que um grande fenômeno ocorra para nos tirar desse estado é uma grande ilusão. Há muitas pessoas que sentam no banco da tristeza à espera desse "grande dia", criando uma fábula para si do dia em que a sorte soprará a seu favor e mudará completamente a sua existência. Essas pessoas encaram a tristeza como uma vilã ou como um castigo, por isso esperam uma mudança externa que as recompense. Não a entendem como um processo natural nem a enxergam como um mecanismo de autoconhecimento que guarda a força das transformações.

Assim, não se trata de vencer a tristeza, como se ela representasse uma grande inimiga, mas sim de recebê-la em um processo que envolve paciência, humildade e carinho por si mesmo. Só assim podemos respeitar o nosso tempo para nos darmos o afeto de que tanto precisamos nessa hora, o qual nos faz ter coragem de olhar para essa tristeza, ver de onde ela surgiu e o que ela revela para nós, na consciência de que é apenas uma visita que não ficará aí por muito tempo, mas que virá quando necessário.

De maneira nenhuma devemos temer os momentos de tristeza, nem deixar que ela nos absorva e tome conta da nossa mente, como se estivéssemos sendo engolidos por um buraco negro. Antes, precisamos compreendê-la, extravasá-la de forma sadia, seja por meio do choro, seja por meio de uma conversa, uma atividade física ou de viés criativo, como a escrita, a pintura ou a música. Só assim percebemos que ela pode revelar muito sobre nós. Não devemos dramatizar a tristeza, mas, ao contrário, ouvi-la e usá-la como um sinal de que chegou o momento de buscarmos o que nos faz sentido, sem medo de viver, de arriscar ou de sermos sinceros com nós mesmos.

10
O MEDO

"O medo deixa então de representar um inimigo e se revela como um precioso aliado no caminho do nosso desenvolvimento pessoal."

Quando falamos sobre o medo, é comum acharmos que ele é um problema. Aqueles que temem são considerados frágeis e covardes, como se essa postura fosse o contrário do medo. Ora, a coragem coexiste com o medo, jamais sem ele, pois alguém só pode ser corajoso diante de algo que, de alguma maneira, cause temor. Nem por isso significa que toda coragem em si seja boa ou que todo medo seja negativo. Essa é uma dualidade enganosa, porque generaliza situações com especificidades próprias. A coragem sem discernimento torna-se insensatez, assim como o medo sem consciência se transforma em bloqueio em nossa vida.

Diante de nossa existência, o medo não é negativo, mas um atributo natural do ser humano, intimamente ligado aos nossos instintos, e um dos fatores fundamentais que garantiu a sobrevivência da humanidade até hoje. O medo está ligado à preservação da nossa integridade; por isso, mais do que um sentimento, é uma sensação, um mecanismo de defesa e de proteção. Tememos sempre aquilo que acreditamos que nos faz mal, o que nos auxilia em nossa autopreservação quando bem usado.

O grande ponto de análise do medo está nesse "acreditar". Não tememos exatamente o que nos pode causar algum tipo de mal, mas tudo o que "cremos" que pode nos fazer mal. Por sua vez, essa crença pode ser real ou imaginária, e isso é o que realmente faz toda a diferença em nossa vida. Se temêssemos apenas o que realmente fosse nocivo, o medo seria visto por nós como um grande aliado. Contudo, somos seres que pensamos, raciocinamos, interpretamos e, em muitos momentos, nos enganamos dentro dos cenários mentais que construímos. É nessa dificuldade de diferenciar o real da fantasia que o medo começa a se tornar um "problema".

São muitos os medos. Alguns podem parecer mais sérios; outros, mais ingênuos. Há quem tenha medo do escuro, medo de ficar sozinho, medo de falar em público, medo da morte, medo de firmar um relacionamento, medo de se iludir, medo de não ser amado, medo de não ter dinheiro, medo de doenças, medo de sofrer um acidente, medo de não realizar seus sonhos. Como se pode ver, são diferentes medos, porque cada pessoa tem sua própria ideia daquilo que é uma ameaça para si. Temos medos em comum e medos distintos, mas cada ser possui algum tipo de medo. Do contrário, se não tivéssemos nenhum, não sobreviveríamos. Ele nos auxilia a evitar situações perigosas e atitudes imprudentes. No entanto, quando mal direcionado, ele nos inibe de viver. Ou seja, há medos que nos protegem e outros que nos prendem. Os que nos protegem são os reais e os que nos prendem, os medos ilusórios, nos impedem de crescer.

É impossível viver uma vida sem correr algum tipo de risco. O trânsito é um grande exemplo disso, no qual imprudências podem ser fatais. Qualquer pessoa que dirige tem esse discernimento. Entretanto, uma pessoa que não o faz por medo pode enfrentar problemas para se locomover até os lugares de que precisa. Sempre necessitará de alguém ou de algum tipo de transporte coletivo que a leve aonde quer. É claro que ninguém é obrigado a dirigir, há quem realmente não gosta ou não se sente bom nisso. Mas quem quer e precisa sabe que correrá riscos. Para isso existem as leis de trânsito, a fim, principalmente, de evitar acidentes; ou seja, elas existem porque o medo de acidentes faz com que busquemos formas de evitá-los. Nesse sentido, o medo serve como um alerta e, em vez de limitar alguém que quer chegar a algum lugar, estimula a organização de uma estrutura mais segura, sem, evidentemente, garanti-la. Se analisarmos sob essa perspectiva, caminhamos, portanto, com o medo e o imprevisível do nosso lado em todos os momentos; mesmo que de forma imperceptível, determinados mecanismos usam o medo para contornar situações perigosas, tornando algumas coisas mais seguras para nós.

Assim, o medo sempre estará ligado à forma como lidamos com ele, de modo que não devemos buscar sua completa ausência. Não se trata de enfrentarmos nossos medos, como muitos costumam dizer ou incentivar. O medo não é nosso inimigo, não há lutas a serem travadas com ele. A questão não é sobre desafiar o medo, mas sim buscar lançar luz sobre ele. A claridade é consciência, lucidez, a luz que nos permite enxergar o que esse medo realmente é, de onde veio, por que está ali e qual a melhor maneira de lidar com ele. O discernimento é o que nos ajuda a entender se a raiz do medo está mesmo em algo externo, interno ou na integração de ambos.

Quando falamos de um medo com origem em algo externo, possivelmente perigoso, estamos diante de uma situação que exige a busca de uma solução, seja para a contornarmos, seja para nos adaptarmos a ela. Um grande exemplo disso é a possibilidade de estar diante de algum animal perigoso, como uma cobra venenosa. Você sabe que ela pode feri-lo e causar mal, então a ideia é buscar uma maneira de evitar o contato com ela e sair daquela situação. Não basta apenas dizer a si mesmo "Não preciso ter medo" ou, então, pensar que você pode pegá-la de qualquer maneira; essas atitudes não alterarão a natureza do réptil. Também não significa entrar em pânico, pois essa reação nubla o raciocínio e geralmente conduz a atitudes precipitadas e mal calculadas. Deve-se ter calma e buscar uma alternativa viável. É uma situação externa de perigo em que o medo surge como mecanismo de defesa.

Entre os tipos de medo, existe a parte que será ativada quando surgir alguma situação que ameace a nossa integridade ou, então, a própria vida. No geral, muitas pessoas não vivenciam situações de vida ou morte para apresentar esse tipo de medo. O que ocorre é que elas simplesmente têm medo da ideia de morrer. E porque a ciência ainda não encontrou uma maneira de vivermos eternamente neste mundo, temos então a certeza de que morreremos um dia, embora não saibamos quando nem como; essa simples ideia apavora muitos indivíduos. Nesse caso, o ser humano busca uma maneira de entender e interpretar a morte e se adaptar a essa realidade. Alguns por meio da religião e da filosofia; outros buscando apenas não pensar muito no assunto e viver a vida da maneira que consideram melhor. É um medo de algo externo ao qual nos adaptamos.

E é a maneira como vemos algo, decorrente das circunstâncias em que nos encontramos, que determina a existência ou não do medo. Às vezes, sentiremos medo mesmo do que não é real, porque ele está ligado à imagem que estamos construindo em nossa mente. De modo geral, essa imagem reflete a maneira como enxergamos as nossas próprias capacidades. Por exemplo, posso ter medo de falar em público porque não me considero bom o suficiente e, por isso, acho que serei criticado pela plateia. Ou posso ter medo de andar de avião porque o imagino caindo e sei que a probabilidade de sobreviver a uma grande queda é baixíssima. Nossa tendência é reproduzir a imagem de uma possível catástrofe perante algumas situações, sempre pensando em nossas condições de lidar com elas. Dessa maneira, ante os medos imaginados, quanto mais alimentarmos a nossa autoestima, mais nos capacitarmos diante do que nos ameaça e mais buscarmos – dentro de nossas possibilidades – prevenir acidentes, menos medo teremos. Se tenho medo de falar em público, quanto mais técnicas aprender, quanto mais estudar sobre o assunto e quanto mais vezes arriscar, menos medo tenderei a ter.

Mas, de todos esses medos, o que mais emperra o nosso progresso é o que vem do ego. O medo egoico é aquele que quer apenas preservar as aparências. Muitas vezes, é ele que nos impede de ser quem somos, de aprender algo novo por não se permitir "errar", de arriscar em busca de um objetivo por não se permitir sair desse personagem criado. Esse medo surge em forma de vaidade, indecisão e até timidez. Só o vencemos quando analisamos a situação com consciência, consideramos nossas vontades, pensamos na melhor forma de agir e valorizamos mais a verdade que vem da nossa alma do que a aparência que queremos manter. É assim que nos permitimos crescer.

O medo deixa então de representar um inimigo e se revela como um precioso aliado no caminho do nosso desenvolvimento pessoal. A cautela e o cuidado serão sempre elementos necessários, mas o exagero acaba transformando o medo em bloqueios que nos prendem e impedem de crescer. Só a busca da consciência nos ajudará a iluminar os nossos medos, sem jamais dramatizá-los. Nesse momento é que paramos de fugir ou de nos esconder deles, passando a aceitá-los como mestres que têm algo a nos ensinar. Até porque muitos de nossos sonhos se escondem atrás dessa linha de medos, da nossa zona de conforto. Aventurar-se é se desenvolver, se fortalecer e perceber que a linha que separa o medo que nos prende daquele que nos protege é e sempre será a consciência.

11
A SOLIDÃO

"Só a solidão permite o contato consigo, a autoanálise feita pela companhia que está ali, sempre presente, porém ignorada por nossa consciência."

As pessoas temem a solidão, como se ficar sozinho fosse um castigo ou uma condenação, quando, na verdade, se trata de uma oportunidade de encontro (ou reencontro) consigo mesmas. Ninguém teme exatamente a ideia de estar sozinho, mas aquilo que a solidão pode trazer. Quando todos se vão e nossa única companhia é o nosso interior, somos obrigados a olhar para dentro e encarar nossos sonhos, nossos desejos, nossos dramas, nossos amores, nossas ilusões perdidas, nossa visão de nós mesmos. É um mergulho tão profundo, e às vezes tão assustador, que não é por acaso que muitos tentam encontrar atividades que distraiam a consciência desse contato.

A solidão não é uma vida sozinha, afastada de tudo e de todos. Pelo contrário, a socialização é necessária para o desenvolvimento interno e externo de todas as pessoas. Mas o que seria de nós sem ela? Uma vida repleta de pessoas, tarefas, atividades e "barulhos externos" é uma existência que não dá espaço para o eu se manifestar. Há pessoas que se dizem estar apaixonadas por outras sem nunca as terem conhecido e, ao mesmo tempo, sem nunca terem se amado. Há quem viaje o mundo em busca de maravilhas sem tirar um tempo para conhecer as vastas paisagens do mundo interior.

Só a solidão permite o contato consigo, a autoanálise feita pela companhia que está ali, sempre presente, porém ignorada por nossa consciência. Essa atitude surge pelo medo de encarar aquilo que está dentro de nós, o que nos leva a fugas e distrações. Mas, afinal, de onde surge esse medo? Por que ter medo de se enxergar, de passar um pouco mais de tempo consigo mesmo?

Geralmente isso ocorre porque, quando o mundo se cala, a mente fala. Vivemos nossas rotinas disfarçando nossos medos e jogando para o fundo de nossas almas as inseguranças que alimentamos. Tentamos viver com aquela mensagem de "isso não está realmente ali". Em inúmeras ocasiões, elas se manifestam e sabemos disso, porém logo encontramos algo que nos distraia novamente de nossas dores internas. No momento em que ficamos a sós, essas dores vêm à tona, porque elas pedem pela cura que só uma consciência presente e amorosa pode dar.

A solidão nos parece ameaçadora se partirmos da visão de que ela é a falta do outro. Na verdade, ela é a plena oportunidade de aproveitarmos, ao menos por alguns momentos, a nossa presença. Sem o outro para buscarmos aprovação, amor, companhia, conselho ou a direção do certo e do errado, assumimos tais papéis para com nós mesmos. Entretanto, a mente, muitas vezes poluída por ideias distorcidas que absorvemos da sociedade, sem cautela, filtro ou discernimento, acaba se tornando uma cruel julgadora. Nessa hora, em vez de fazermos desse momento um instante sagrado de contato com nossas camadas mais profundas, deixamos a mente viciada assumir o comando, com suas críticas, suas dúvidas e seus julgamentos.

É natural que a mente proceda assim, em um processo de catarse, que, de certa maneira, "vomita" para o externo tudo aquilo que vínhamos reprimindo em nosso emocional. Enquanto o mundo se agita à nossa volta, não temos tempo para que nossa consciência analise tudo que vínhamos acumulando, as experiências que precisam ser filtradas e os desejos que necessitam ser compreendidos. Quem não se permite um momento de solidão e não tira um tempo para o seu emocional respirar e recuperar o fôlego uma hora ou outra acaba sentindo o peso das emoções não resolvidas ou se sente sobrecarregado pelo ritmo do mundo. Só quando temos esses momentos, em que o mundo dá espaço para que a nossa presença se manifeste, é que podemos mergulhar em nós. Quem estamos sendo? O que queremos? O quanto estamos sendo verdadeiros conosco, com a nossa natureza, com aquilo que ressoa em nós? Essas são questões que precisam nortear esse diálogo interno.

Não há nada de realmente assustador nos momentos de solidão, porque é neles que temos a oportunidade de curar inúmeras feridas emocionais que vínhamos carregando inconscientemente até então. É um ato sagrado e uma meditação em si. Pessoas que desejam se fortalecer emocionalmente devem aprender o poder que os momentos de solidão carregam. Ali começamos a estabelecer uma relação conosco, certa cumplicidade interna com nosso ser que vem a se tornar nossa própria força, pois, nessa nova relação conosco, encontramos o nosso abrigo, o nosso apoio, o nosso amor, que nos protege das incertezas do mundo e das dependências externas. Ser fiel a si próprio é evitar tudo aquilo que não tem relação com o que realmente faz sentido para nós.

A força da pessoa que aprendeu a não temer mais a solidão é aquela de quem não é mais dependente do mundo. Essa não dependência não é, de maneira alguma, arrogância, que desconsidera o valor e a importância das pessoas, do convívio e do contato social. Do contrário, é pura e simplesmente a sapiência de quem não coloca no mundo externo a completa responsabilidade pelo seu bem-estar. É o entendimento de que o mundo nem sempre nos aprovará e seguirá nossas vontades, e que está tudo bem, porque temos a nós mesmos para isso.

Para tanto, é necessário que os momentos de solidão sejam mais do que um período de análise e de autorreflexão. Eles devem ser um momento de autodescoberta, de contato silencioso com o mundo, com a natureza e com a existência, de puro existir e sentir. A solidão é uma meditação em si quando usada de maneira consciente. Aceitá-la é um ato de sabedoria. Não é necessário se ausentar ou fugir do mundo, apenas compreender que esse, de certa maneira, é nosso estado natural. Podemos estar cercados de pessoas e, ainda assim, quem sente as nossas emoções, os nossos pensamentos, o impacto do mundo somos nós. Carregamos a nossa presença aonde quer que vamos. Nessa trajetória, pessoas vêm, vão, paisagens mudam e nós continuamos conosco. Fazer dessa viagem pela vida uma experiência prazerosa requer essa conexão e aceitação com nosso ser. Ser fiel a si mesmo e apreciar a própria companhia é emanar amor.

Por isso, fique só. Não para sempre, não por todos os momentos, mas o suficiente para você se sentir bem consigo e lembrar o prazer da própria companhia. Fique só nem que seja apenas por um tempo. Para que você possa se conhecer, fazer as pazes consigo, assimilar os seus sentimentos, filtrar as suas emoções e cuidar das suas dores. Fique só para que você tenha a oportunidade de descobrir (ou relembrar) os seus dons e valores, os seus gostos e desagrados, os seus *hobbies*, os seus risos, os sonhos que a poeira da rotina e das companhias superficiais acabou ofuscando. Fique só para que você reencontre aquelas partes suas que deixou de lado para abrir espaço para pessoas que não acrescentavam muito. Fique só até que você encontre alguém que seja uma companhia de corpo e de alma. Até que você esteja com alguém que acrescente, que o estimule e o ajude a crescer emocional e espiritualmente. Fique só porque é preciso ter momentos de solidão. Ela tem o poder de ressignificar a nossa existência, de criar um vínculo profundo conosco, permitindo-nos perceber o que merecemos ou não em nossa vida. A solidão não é um castigo; é um tempo para o nosso emocional respirar e recuperar as forças. Só ela tem o poder de nos devolver a nós mesmos e de nos fazer perceber que os contatos são extremamente importantes, mas que apreciar a própria companhia é um privilégio e uma necessidade da alma. Aprender a ficar só é saber não depender, não se apegar e descobrir o prazer de estar consigo mesmo.

12
O APEGO

"Desapegar é manter a mente sã e sem ilusões, pois todo apego está na mente. É ela que nos prende a algo, da mesma forma que é por meio dela que nos libertamos."

Fluir com a vida é o saber soltar, ato esse que não é físico, mas interno, uma perspectiva de vida e, mais do que tudo, uma atitude de ordem emocional. Trata-se do que podemos chamar de processo de desapego. Grande parte das pessoas o enxerga como uma das tarefas mais difíceis de fazer. Algumas porque acreditam que desapegar se trata de se desligar do mundo e de todas as posses materiais; já outras porque não conseguem se desligar daquilo com o qual possuem algum tipo de ligação emocional. Em si, o desapego não trata da ideia de não possuir nada material, nem de não criar (ou esquecer) vínculos afetivos com alguém. Desapegar é um ato de compreensão, uma visão mais profunda do processo da vida, da nossa relação contínua com os seres vivos e os objetos, que é o próprio fluxo contínuo da existência.

Dentro desse fluxo, nada na vida nos pertence. Esse pensamento não significa que não tenhamos nada em algum momento. Possuímos um corpo, instrumentos que utilizamos no dia a dia, relações com as pessoas com as quais convivemos. Mas a ideia do ter, como falamos em outros capítulos, é sempre uma grande ilusão do ego se entendida como uma posse eterna e exclusiva. Na vida, nós não temos, nós somos, e, enquanto seres que estão sendo, utilizamos coisas para as nossas atividades no mundo, convivemos e interagimos com determinadas pessoas, dentro de determinadas dinâmicas, por determinados períodos. As coisas por nós utilizadas, as pessoas com quem convivemos e os lugares em que estamos são alterados em muitas circunstâncias (na maioria das vezes, inclusive), independentemente da nossa vontade.

Dependendo dos processos em que os envolvidos se encontrem, as coisas podem ser mudadas, transformadas e ressignificadas. Por isso, desejar que tudo seja eterno, no sentido estático e imutável da palavra, é desejar tirar da própria vida o seu maior atributo, que é a mudança. É a mudança, o movimento da vida e o fluxo contínuo das transformações que nos permitem viver, crescer e manter a nossa consciência desperta e em constante evolução. A própria significância de cada coisa só existe em virtude disso. Tudo que de alguma forma se mostra comum, banal e repetitivo perde o seu valor e sua importância para nós. Não possui mais o mesmo brilho nem o mesmo significado.

Tudo estará dentro desse fluxo, em constante mudança. Nosso apego mental e afetivo às coisas não vem simplesmente do sentimento genuíno de amor sobre isso. Obviamente desejamos ter por perto tudo que amamos, e não há nada de errado em querer isso. Contudo, o amor por si mesmo independe da proximidade ou da ilusória imagem de posse. Amamos diversas pessoas dentro das relações que temos com elas, sejam familiares, sejam amigáveis ou afetivas, e não passamos o dia todo ao lado de todas. Mesmo assim, conservamos o sentimento. Gostamos do calor do sol, do azul do céu, do brilho poético da lua cheia e não possuímos nada disso. Apenas convivemos e sentimos. O sentir é nosso e é apenas o que realmente possuímos. O resto segue seu caminho no fluxo da vida, interagindo conosco ou não. Por isso o apego não está no gostar. Surge da ideia de dependência em relação a algo, ou seja, tem sua raiz na carência. O sentimento e a carência podem coexistir e, por isso, confundir a muitos, fazendo-os acreditar que é o gostar que faz com que se apeguem a algo. O gostar realmente cria o vínculo, porém se adapta às circunstâncias porque não exige e não cobra ser uma expressão feita de maneira exclusiva. Ele é simplesmente o estado de contentamento e bem-estar interno em relação a algo. Posso gostar de alguém e, ainda assim, ter consciência de que essa pessoa é apenas dela, tem seu caminho, pode estar junto a mim, ou não, ter um sentimento recíproco em relação ao que sinto, assim como pode não ter. Ainda assim, sentirei.

Mas a carência faz aparecer a necessidade, situação em que, mais do que gostar de algo ou de alguém, surge a ideia de que preciso disso em minha posse para sentir felicidade e realização. A carência é uma das filhas do ego, é uma espécie de sensação de falta. Contudo, a carência não é realmente a falta de algo externo, mas sim do que precisamos desenvolver dentro de nós. A carência revela pontos que precisam ser supridos, os quais, em uma interpretação equivocada, pensamos vir do outro ou de alguma coisa. É por esse motivo que nosso apego a algo não vem do gostar, mas dessa falsa dependência. Acreditamos necessitar do amor de alguém para nos sentirmos amados e suficientes, do apoio de alguém para nos sentirmos seguros, da presença de alguém para nos sentirmos valorizados e do dinheiro ou de alguma posse para sentirmos a imagem de poder. Todos esses sentimentos, e mais outros que poderiam ser citados, podem e devem ser construídos dentro de nós mesmos. Fazemos isso quando aprofundamos nossa imagem sobre quem somos, procurando nos enxergar para além dos padrões e valores temporários da nossa sociedade. À medida que adquirimos uma visão mais concisa de nós mesmos, aprendemos a desenvolver o amor-próprio, nos tornamos mais seguros, firmes e equilibrados. O que vemos lá fora como valioso está apenas espelhando o que temos em nós. O apego é apenas a transferência disso para um elemento que está do lado de fora, é algo que ainda não aprendemos a enxergar dentro de nós. Esse garimpo interno, o processo de autoconhecimento, nos faz descobrir pouco a pouco uma natureza mais íntima, de nós e da vida. Essa descoberta nos leva à compreensão de que ninguém depende de algo, no sentido mais emocional da palavra. O que existe, na verdade, é uma relação de participação, que se conecta a tudo e torna cada coisa importante de alguma maneira ou por algum período, o que não caracteriza a posse sobre isso, e sim a convivência, que permite o crescimento de um ente ou a realização de um intento.

Esse é o grande fluxo da vida, que, de acordo com as sintonias, conecta processos, propósitos e as reais necessidades para o desenvolvimento e o progresso geral da vida. Torna-se mais simples desapegar quando temos essa compreensão. Nessa hora, aprendemos a ser responsáveis por nossas carências e exercitamos o sentir e o gostar em sua natureza mais bela, livre, desprendida, sincera e com a verdade que vem de dentro.

Desapegar é se permitir sentir, soltar, fluir, sabendo que tudo segue o seu caminho e que a vida sempre nos apresentará aquilo que for importante para o nosso desenvolvimento. Toda ligação da alma inevitavelmente manterá conectados aqueles que, por afinidade, construíram esse laço, não por carência, mas pela pureza de um amor que não vê na liberdade uma ameaça, e sim um presente da vida. Desapegar é manter a mente sã e sem ilusões, pois todo apego está na mente. É ela que nos prende a algo, da mesma forma que é por meio dela que nos libertamos.

13
A MENTE

"Não importa onde estejamos, a mente é nossa casa. Ela é o paraíso ou o inferno que construímos para nossa alma morar."

Não importa onde estejamos, a mente é nossa casa. Ela é o paraíso ou o inferno que construímos para nossa alma morar. A qualidade de nossa vida depende quase exclusivamente dos pensamentos que alimentamos em nossa mente. Ver a vida com os olhos da alma nada mais é do que ter uma perspectiva mais profunda dos fatos, dos elementos que nos cercam e de quem somos. Esse é o poder do ponto de vista. A maneira pela qual enxergamos nossa existência de modo geral determina o que sentimos, o que queremos e para onde decidimos ir. Nossa mente é, portanto, a grande direcionadora da nossa caminhada, capaz de nos levar ao céu ou ao inferno com uma simples mudança de pensamento.

A mente é um aparelho do nosso ser que se estende para muito além do nosso cérebro, que, como órgão físico, serve para a decodificação e a expressão dessa capacidade que vem da alma. A mente tanto emana os pensamentos quanto os capta, mesmo que de forma inconsciente. Ela cria cenários e constrói ambientes, por isso pode-se dizer que é a casa da qual jamais saímos.

Ademais, a mente é um espaço interno onde opera a nossa consciência. No entanto, ela não é a consciência em si, ou seja, a mente e a consciência têm papéis diferentes. Por exemplo: podemos pensar em algo e, pela força da vontade, substituir esse pensamento por outro. A consciência é aquela que observa os pensamentos e os analisa, descarta e substitui de acordo com seus comandos – diferentemente de quando não estamos plenamente conscientes, ocasião em que podemos ser absorvidos por pensamentos, crenças, lembranças ou fantasias sem sequer nos darmos conta disso. Em virtude dessa natureza, aquilo que preenche a nossa mente nos controla ou nos liberta, sendo ela a sede de todo sofrimento, dor, medo, desilusão e de todo apego ou, do contrário, a chave da nossa paz, do nosso equilíbrio e do nosso desenvolvimento. Os cenários que criamos e alimentamos interiormente é que vão dar o tom da nossa vida.

Com efeito, entendemos que há dois tipos de cenário que podemos construir: os negativos e os positivos. Pensamentos negativos nem sempre são sinônimos de pensamentos ruins, que fazem algum tipo de mal. Analisar os prós e os contras de uma situação, encontrar coisas que precisam ser aprimoradas e perceber que algo não atingirá determinado objetivo ao ser conduzido de uma maneira específica são situações que ajudam a trazer o discernimento sobre as coisas. Ou seja, pensar na parte negativa de uma determinada ação é uma atitude que pode ser muito positiva para o nosso desenvolvimento. Mas existe muita diferença entre uma mente que analisa um evento dessa forma, com consciência, e aquela que, absorvida pelo negativismo, crê que nada nunca dará certo. Pessoas assim intoxicam a própria vida, nublam seus dias, costumam sempre estar irritadas, tristes, de mau humor, nunca arriscam, criam algo ou tentam de novo a fim de aprender com seus enganos. Pessoas negativas, nesse sentido, não movem o mundo, mas mantêm tudo como está.

Por sua vez, é a pessoa positiva que transforma as coisas, porque crê no diferente e no melhor e não se abate no primeiro revés que encontra. Ser uma pessoa positiva não é ter uma visão ingênua da vida, ou até mesmo alienada, que ignora tudo em prol da construção de uma ilusão de serenidade. A verdadeira pessoa positiva é aquela que extrai o melhor de cada situação, que busca soluções, que não perde tempo apenas em justificativas ou desculpas. Ela reconhece o que pode não dar certo, mas busca maneiras de fazer algo funcionar. A pessoa positiva é aquela que sabe que nem sempre tudo segue o caminho que queremos; ela não espera o pior de tudo, porém também não se faz prisioneira de seus próprios desejos, pois compreende que, mesmo por detrás do "não dar certo", existe algo a mais. Afinal, isso não representa o fracasso de si mesma, e sim a resposta da vida de que as coisas não são por aquele caminho. Dessa maneira, podemos entender que a pessoa verdadeiramente positiva é aquela que aprendeu a usar a mente a seu favor. A positividade usada dessa forma melhora a nossa vida e ajuda a transformar o mundo.

Mas a mente é, em muitos momentos, um território nebuloso, inclusive fora do nosso controle. Por trás de nossos pensamentos, mesmo os mais simples, não está apenas a nossa capacidade de raciocinar. Estão ali uma série de condicionamentos, crenças e ideias que foram sendo absorvidos ao longo de nossa vida, transmitidos pela família, pela sociedade e pela maneira como compreendemos as nossas experiências. Nossa mente é, portanto, também um produto social, cultural e histórico.

Compreender isso é uma das grandes chaves para o uso da nossa mente em nosso favor. Sob essa perspectiva, podemos nos questionar por que pensamos o que pensamos, por que nos vemos da forma como nos vemos, por que reagimos da forma que reagimos. Quando analisamos isso a fundo, encontramos, como respostas a essas perguntas, uma série de vivências, que vão desde a nossa infância até os dias de hoje. Começamos a perceber que fomos ensinados a enxergar o mundo e a nós de uma determinada maneira, muitas vezes (talvez na grande maioria) não benéfica.

Fazer esse exercício não se trata de se vitimizar, culpar nossos pais, a sociedade ou quem quer que seja pela maneira como nossa mente trabalha. É simplesmente um exercício para perceber que, assim como ela foi programada para pensar de uma determinada maneira, ela também pode ser desprogramada e ensinada a pensar de outra. Antes de termos esse entendimento, somos apenas pessoas reagindo a mecanismos dos quais não tínhamos consciência. Com a compreensão desses fatos, podemos percebê-los e transformá-los.

Reeducar a mente não é uma tarefa simples. Diante de anos de condicionamentos, muitos recebidos na infância, período crucial do nosso desenvolvimento, não podemos esperar que de um dia para o outro vamos mudar completamente nossas crenças, nossos hábitos e nossos pensamentos. Boa parte deles está automatizada em nós, o que requer mais trabalho e atenção por parte de nossa consciência, para perceber quando eles surgem, suas atuações e buscar uma nova perspectiva. Nossos pensamentos não refletem exatamente a realidade. São apenas perspectivas, cenários que construímos, crenças que assimilamos como verdadeiras. Isso determina muito mais a nossa vida do que o que está acontecendo fora de nós. Uma mente deseducada, programada para o negativo, dominada pelo ego e limitada apenas pelas visões sociais pode fazer grandes estragos em nosso emocional e nos traçar uma rota de sofrimentos da qual não sairemos enquanto não levarmos esse trabalho mental a sério. É ali que tudo começa. Não adianta buscarmos sucesso, relações positivas, nem vivências saudáveis se nossa mente não tiver uma estrutura sadia para possibilitar isso. Trabalhar em si, no autoequilíbrio mental, é a base de tudo.

Afinal, não podemos, a todo momento, policiar nossos pensamentos, o que seria irreal e até desgastante. É preciso nutrir a mente de elementos que ajudarão a criar uma nova visão de mundo. A leitura, a meditação, a interação com pessoas que trazem novas maneiras de pensar, a inserção de novos hábitos, a busca por terapias e a análise interna são alguns dos exercícios que, ao longo do tempo, construirão uma mentalidade nova. O grande objetivo desta obra é lhe dar elementos para mudar a sua maneira de ver e de interagir com a vida, e assim buscar uma vivência mais feliz. É alinhar sua mente com sua alma e, por consequência, com toda a existência, para que você possa ser realmente quem é.

É muito natural, durante essa transição, sentirmos velhas crenças e atitudes retornarem em alguns momentos, mesmo quando acreditamos que as havíamos superado, porque o fato de inserirmos uma nova dinâmica não significa que já tenhamos assentado a fundo em nós esse novo hábito. O mais importante é continuarmos esse caminho de desconstrução e construção, na busca de ressignificar tudo que nos era nocivo e transmutar isso em algo positivo para nós.

Conforme trabalhamos nossa mente, na mudança de nossos pensamentos e da maneira como enxergamos a nós e o mundo, mudamos toda a nossa vida. Só quando passamos por essa mudança podemos medir o peso que a mente tem sobre nós, como ela é capaz de nos elevar ou de nos diminuir, de nos colocar em um estado de paz ou de extrema perturbação. Algo com uma força tão grande sobre nossas vidas não pode ser ignorado, mas deve ser levado a sério e trabalhado com cuidado. É um esforço interno que só nós podemos fazer. Nosso mundo interno é aquele no qual viveremos para sempre. Fazer dele um espaço saudável é construir a paz dentro de nós. Nossa mente é nossa casa, a janela por onde vemos o mundo, nosso templo sagrado. O paraíso que tanto procuramos começa e termina em nós. Sempre é tempo de encontrá-lo, basta ter a disposição de recomeçar... por dentro!

14
OS RECOMEÇOS

"O recomeço sempre será uma nova luz diante da escuridão das experiências finalizadas. Um novo convite à vida, um novo fôlego para a alma, uma nova abertura para a nossa realização e, certamente, uma história muito maior e melhor do que aquelas que deixamos para trás."

A vida, em si, trabalha dentro da dinâmica dos recomeços. Tudo se renova a cada instante. É preciso recomeçar e recomeçar quantas vezes forem necessárias.

Recomeçar para abandonar as velhas dores. Recomeçar para escrever novas histórias. Recomeçar pelo amor que temos por nós. O que seria da vida sem os recomeços? Fadada a um único destino, sem novas tramas ou caminhos, sem outras chances e saídas? Se a dor nos atingir forte inúmeras vezes, se muitos forem os enganos que tivermos pelo caminho, se em diversas ocasiões nos virmos diante de desfechos que não queríamos, só o recomeço faz sentido. É por meio dele que a dor vira experiência, os enganos se tornam aprendizados e os tristes desfechos se revelam apenas uma possibilidade entre inúmeras que virão.

Efetivamente, os recomeços são diferentes dos começos, porque possuem uma força que os últimos não têm. Os começos são páginas em branco a serem escritas, um caminho que não foi tentado antes. Eles são ainda ingênuos, sem referência. Por isso, apesar de trazerem os receios do futuro e a ansiedade, carregam também as expectativas e as esperanças. Mas não trazem dores passadas referentes a eles. Já os recomeços possuem a força da experiência. Eles carregam consigo a sabedoria que trazemos de outros caminhos e outras tentativas. Nenhum é melhor do que o outro. Apenas possuem naturezas um pouco distintas, porque o recomeço traz consigo um passado repleto de memórias que nos ajudará na reconstrução de algo.

Todo recomeço se utiliza de outros elementos porque ele é a soma de diferentes ingredientes reunidos por um único ser para iniciar uma nova trajetória. Recomeçar exige *coragem*, pois jamais um recomeço fez promessas ou deu garantias. Quando recomeçamos, não sabemos onde nossa jornada terminará ou se teremos sucesso diante do que queríamos ou não. Alguém que procura por garantias ou seguranças jamais ousa tentar mais uma vez, por isso é preciso coragem para vencer os medos antigos, não se deixar dominar pelos traumas do passado e não parar diante dos receios do futuro e da própria insegurança.

Recomeços requerem a humildade de reconhecer nossos equívocos, pois é ela que permite aprender com nossos enganos e que nos ajuda a desviar do ego e do orgulho, os quais nos fazem crer que devemos ser perfeitos e jamais errar, visto que é o erro que também nos aponta os acertos. Para recomeçar, temos que ter fé em nós e na vida. Fé é a crença de que temos a capacidade para atingir nossos objetivos, que experiências difíceis do passado não nos definem e que a vida apresenta inúmeras possibilidades que podemos explorar para a nossa realização.

Ademais, recomeços necessitam de resiliência, paciência, amor-próprio, desapego ao passado e a força para transformar as antigas dores em sabedoria guardada na alma. É necessário aprender a recomeçar porque faremos isso várias vezes. Imaginar uma vida que segue uma linha reta, sem curvas, tropeços ou situações inesperadas é criar uma ideia que foge da real dinâmica da vida, que nos faz crescer, que nos mantém vivos e ativos. A imprevisibilidade, a expectativa e o próprio medo (em seu estágio mais instintivo) são elementos que nos instigam o prazer pela vida. Assim, começamos e recomeçamos inúmeras vezes, em diversas situações, em campos diferentes, em escalas maiores ou menores, mas recomeçamos!

Não é só em nossos desafios pessoais que os recomeços existem. Dentro da própria natureza da existência vibra a força dos recomeços, no surgimento das estrelas, na sabedoria das estações, na mudança entre o dia e a noite, no ciclo interminável da vida. Existem pessoas que veem os recomeços de uma forma nociva, com certo cansaço. Esse estado, porém, não vem do ato de recomeçar; ele surge de uma fadiga mental que é consequência dessa luta contra a dinâmica natural da vida. Se pensarmos que a vida deve seguir uma linha imaginada por nós, e sempre que precisamos ir por outro caminho entendermos isso como uma espécie de "derrota", colocaremos sobre o nosso emocional o peso da decepção e da desilusão, não só acerca do que vivemos, mas com a vida em si. A mudança está em compreender que o recomeço não está atrelado à derrota, e sim a evidências de que as coisas não acabaram, visto que sequer começamos da estaca zero, porque trazemos conosco aprendizados adquiridos interna ou até externamente. Esta é a beleza do recomeço e a sua poesia: permitir que nos encantemos com a vida mais uma vez e que partamos em busca do inesperado.

Já que no caminho da vida nos encontraremos com sofrimento, dor, ilusão e tristeza, o que sempre alimentará nossa força e nos mostrará que as coisas não terminam ali é a compreensão de que podemos seguir outros caminhos. O recomeço sempre será uma nova luz diante da escuridão das experiências finalizadas. Um novo convite à vida, um novo fôlego para a alma, uma nova abertura para a nossa realização e, certamente, uma história muito maior e melhor do que aquelas que deixamos para trás. Nunca perdemos por recomeçar, pois o recomeço é parte dos processos da vida que nos levam para estágios melhores.

15
OS PROCESSOS

"Processos são como pontes para a alma entre o que somos e o que estamos nos tornando."

Precisamos sempre ter paciência conosco. Enquanto caminhamos pela vida, inúmeros processos estão acontecendo dentro e fora de nós.

Por trás de cada experiência que vivemos, cada pessoa que encontramos, cada desafio que enfrentamos, existe um processo acontecendo ali, que nada mais é do que o desenvolvimento de partes de nossa alma diante de algum evento que surge em nossa vida. Todos os processos pelos quais passamos são distintos em diferentes fases da nossa existência, às vezes vivemos até mais de um ao mesmo tempo, de acordo com as nossas necessidades e capacidades de momento. Esses processos são, na verdade, um potencial em estimulação.

Quando um processo nos chama para despertar algum aspecto em nossa vida, não há como fugir dele. É uma força que se desencadeia guiando o rumo de nossa trajetória e nos colocando de frente com as pessoas e as situações certas. Por exemplo: passamos por processos de estímulo que nos levam a desenvolver algo; por processos de crescimento que nos tornam mais maduros e independentes; por processos de desligamentos que nos ensinam a importância do desapego, nos lembram de que a vida é transformação e que determinadas coisas não precisam continuar em nosso caminho; por processos de cura que cicatrizam nossas feridas e limpam as emoções intoxicadas por dores acumuladas ao longo da trajetória; e por processos de realização que estão ligados à missão escrita em nossa alma e são a síntese de nossa vivência neste mundo. Todos eles compõem em si um grande processo: o nosso despertar.

O despertar é o nosso processo íntimo de crescimento e de amadurecimento interno que nos possibilita sermos mais felizes. Todos têm o seu tempo, o seu ritmo, a sua história, os seus próprios pontos a desenvolver. É nesse momento que percebemos que todo julgamento é apressado. Temos o costume de enxergar as outras pessoas, e até nós mesmos, como seres prontos e acabados. Esquecemos que o erro faz parte desses processos, que nem todos enxergam a vida como nós, que nem sempre seremos capazes de acertar em todos os momentos. Devemos ter em mente que cada processo é algo delicado, que cresce aos poucos e que precisa de estímulos diferentes para se concretizar.

Desconhecemos as situações pelas quais o outro está passando, sua história ou a causa oculta em um ato, o que não anula em si uma atitude negativa, não minimiza seus efeitos nem afasta as consequências, mas nos ajuda a clarear e a entender que as coisas não são tão simples quanto parecem. Não é porque não somos mais crianças que sabemos tudo, não é porque chegamos a determinada idade na vida que podemos nos achar completos.

Essa compreensão nos auxilia, inclusive, a termos mais paciência conosco. Caminhamos com mais leveza quando tiramos o peso das cobranças exageradas dos nossos ombros. Somos seres perfeitos dentro do que podemos ser e do momento que estamos, mas jamais seres acabados. Somos uma construção constante, o próprio processo da vida em forma de gente. Quando entendemos isso, passamos a olhar a vida de modo sistêmico e a compreender que nada nem ninguém está aqui por acaso. Todos somos processos uns dos outros.

Todas as pessoas estão em um processo diferente e individual. Por isso, cada um de nós vivencia um conjunto de experiências distintas, moldadas de acordo com o que melhor atenderá aos propósitos de evolução. No entanto, é difícil compreender um processo enquanto estamos dentro dele, principalmente no que se refere a enxergar a sua causa, entender o seu sentido de estar ali e sua intenção conosco. Mesmo diante dessa dificuldade, o que é realmente essencial não é compreender o que exatamente originou tal processo, e sim extrair o máximo do que pode ser tirado de positivo dele. Essa é a essência em si de todos os processos. Não importa o que estivermos vivenciando, existem princípios básicos que os constituem e nos ajudam a lidar com eles, a saber:

- todo processo é importante;
- sempre podemos aprender algo e crescer com um processo;
- nenhum processo dura para sempre;
- cada processo é um *progresso*.

Dessa forma, os processos podem ser entendidos como fases da nossa vida, ciclos, períodos, os quais podem englobar nossa vida toda de modo geral ou apenas um campo específico que precisa ser trabalhado. Um processo também pode estar ligado a uma atitude pessoal, como a superação de alguma dor ou a busca pelo aprendizado de algo.

Os processos nos lembram de que as coisas não surgem prontas e acabadas, e que tudo envolve uma mistura de tempo e de alguns elementos para se concretizar. O entendimento acerca da natureza dos processos nos auxilia a ter paciência diante do nosso crescimento, das fases da vida e, também, daquilo que desejamos. Com isso, percebemos que, ante os processos, o mais importante não é necessariamente a conquista de um objetivo em si, mas tudo aquilo que nossa alma pode absorver durante essa trajetória. Processos são como pontes para a alma entre o que somos e o que estamos nos tornando. É preciso atravessá-los para chegar aonde queremos, entendendo que alguns, embora difíceis, nos fortalecem, e que todos de alguma forma estão nos direcionando para os sonhos que vibram em nosso coração.

16
OS SONHOS

"Sonhos dão ânimo e vida à alma, colorem a existência e carregam a força de transcender o presente e modificar a realidade."

Durante o sono, os sonhos escondem múltiplos significados em nossa vida: mensagens do inconsciente, desejos reprimidos, medos internalizados, memórias do passado, lembranças do nosso dia a dia, sinais, avisos ou, simplesmente, nossa atividade cerebral processando todas as informações armazenadas. Todos querem buscar nos sonhos significados para a própria vida; para isso, tentam lhes atribuir um sentido e uma conexão com o que estão vivendo, com o que já viveram ou, até mesmo, com o que viverão. No entanto, o estudo dos sonhos, além de profundo e pessoal, é misterioso e difícil.

Tão significativos quanto esses sonhos são os que temos despertos: a nossa capacidade de sonhar, desejar, planejar a nossa vida e traçar a rota daquilo que queremos. Sonhos são um dos mecanismos mais poderosos do nosso ser, capazes de nos levar tanto às maiores alegrias quanto aos poços mais profundos do sofrimento. Enfim, são as nossas correntes ou as nossas asas, dependendo da maneira como nos relacionamos com eles.

Os sonhos estão ligados diretamente a dois pontos primordiais que se cruzam: a mente e o coração. Esses dois atributos não são citados aqui em seu caráter físico, mas no dinamismo que representam: a mente enquanto capacidade criativa, a arte da imaginação; e o coração enquanto ponto sentimental, a capacidade de sentir e de dar sentido ao mundo. Quando a mente e o coração se encontram, surgem os sonhos. A partir daí, eles transcendem o presente, penetram o futuro, desenham o que ainda não existe, constroem realidades que ainda não fazem parte do agora. Eles nos permitem dar um salto e colocar nossa alma em um estado de espírito de inspiração e realização.

Os sonhos sempre buscam atender a um ímpeto que vem da alma ou do coração. Quando algo parte da alma, traz consigo um profundo significado para nossa evolução. Nesses sonhos, há aspectos fundamentais para nossa vivência e crescimento pessoal, elementos que nos levarão ao encontro das pessoas certas e dos eventos que necessitamos vivenciar para que deles possam emergir diversas potencialidades. Pode-se dizer então que nossos sonhos têm um grande vínculo com nossa missão de alma ou com o propósito que temos para cumprir aqui. É um grande direcionador de nossa existência e possui relação íntima com a nossa realização e felicidade nesta vida.

Nossa mente é o aparelho no qual mais nitidamente nossos sonhos se projetam. Nela, os ímpetos da alma ganham não apenas vida como também forma de imagens e cenas, dando-nos o senso da direção a seguir. Quando esses dois aparelhos caminham juntos, damos força e razão para os nossos sonhos e embarcamos em nossa jornada pessoal rumo à realização interna. Sonhos dão ânimo e vida à alma, colorem a existência e carregam a força de transcender o presente e modificar a realidade. Dão a oportunidade do exercício de um dos maiores dons da humanidade: o dom da criação.

Por meio da força da imaginação e da capacidade de produção humana, torna-se tangível esse mundo que antes habitava apenas o nosso interior. Pessoas que não sonham, não criam e não realizam e perdem, de algum modo, esse contato mais profundo com a vida. Sentem-se apagadas, desconectadas, sem a motivação devida para seguir adiante. Sonhar é se acender por dentro e trazer alegria ao viver. Mas essa energia gerada precisa ser canalizada e direcionada para o real, pois, caso ela seja restringida apenas ao campo interno, em algum momento ela será acompanhada pela frustração. Alguns sintomas de que não estamos permitindo que essa energia flua são: a irritação constante, certa inquietude, um sentimento de insatisfação com tudo, desencanto com a própria vida e sensação de inutilidade. Todos esses sintomas são sinais de que esse impulso interno precisa ser canalizado para fora. O modo como essa canalização ocorrerá passa por forças individuais e diversas; mas, mais importante que isso, é que ela ocorra.

O grande poder dos sonhos não está exatamente na conquista de algo, e sim no caminho percorrido. Mas qual seria o sentido de buscar algo que podemos talvez não atingir? Acontece que o caminho dos sonhos é muito mais amplo. Ele não se restringe ao objeto de desejo, mas compreende tudo o que adquirimos e absorvermos ao longo da trajetória. Trata-se, portanto, de quem nos tornamos na caminhada. As transformações que acontecem conosco durante o caminho dos nossos sonhos são parte tão ou mais significativa que aquilo que pensamos ser o objetivo, porque esse desenvolvimento é o real destino. A conquista do sonho é, antes de tudo, uma vitória interna, algo que aquece o coração e, mais do que tudo isso, uma doação. Um sonho que nasce em nosso coração não é só nosso, é um sonho que nasceu na alma do mundo cuja realização impulsiona o progresso de uma série de pessoas ligadas pelas teias universais que entrelaçam os destinos.

Sonhos jamais se caracterizam como maiores ou menores. Eles são feitos à exata medida de cada ser. Desse modo, não se pode comparar nem julgar aquilo que ressoa e faz sentido na alma de alguém. Não importa se eles estão ligados a uma missão familiar, a uma causa global, a uma expressão artística ou a uma tarefa humanitária, porque esse enredo particular tem alguma importância significativa no crescimento desse ser e na história do mundo.

É importante ter o cuidado de não confundir sonho com fantasia. O sonho possui sua raiz nos anseios que partem da alma. Ele dá sentido a toda uma existência, parte de uma vontade natural do ser, possui caminhos e viabilidade. Por outro lado, a fantasia é simplesmente uma criação, geralmente ligada a alguma carência. Trata-se de uma projeção que, em muitos momentos, oculta aspectos que precisam ser resolvidos em nós. A fantasia comumente é formada para atender aos caprichos e às vontades do ego, tende a ser passageira, embora possa ser uma insistente ideia à qual nos apegamos e acreditamos ferozmente que só seremos felizes se ela for concretizada. Não encontramos satisfação nessa caminhada, apenas um grande desespero em atingir um determinado objetivo que, se analisarmos a fundo, realmente não faz sentido para nós.

É comum que cada um de nós possua um misto de sonhos e fantasias, os quais aprendemos a distinguir com o passar do tempo conforme amadurecemos internamente. Também é importante que tenhamos esse contato interno para ouvir os chamados que partem de dentro. Uma pessoa que não ouve o que o coração diz nega a si mesma, não sabe o que a satisfaz e se deixa levar facilmente pelas ilusões do mundo. Ouvir o coração é se conectar consigo mesmo, é mergulhar nessa terra dos sonhos e compreender que ali não é um terreno infantil e imaturo, mas a gênese de todas as conquistas. Tudo o que é criado e realizado no mundo material começa dentro de alguém, parte de um lugar profundo e sutil que esconde o poder da criação. É uma das nossas maiores forças, um dos atributos que nos move a seguir em frente, mesmo diante de dificuldades e desilusões. É preciso sonhar para alimentar a alma, sonhar para viver, sonhar para fazer a magia da ação de construir a ponte que leva essa força interna a dar forma à realidade. Isso é criar, é fazer magia, dar sentido à existência e cumprir os propósitos aos quais nos destinamos nessa vida. Todos nós somos trabalhadores do destino com uma missão pessoal cujos sonhos sempre nos apontarão o caminho! O que precisamos é dar força a eles.

17
A FORÇA

"Diante da força imortal da alma, nada pode nos parar."

Quantas foram as vezes em que nos sentimos tão pequenos, tão enfraquecidos e tão frágeis diante dos desafios da vida, de nossos próprios receios ou da imensidão do Universo, que a única coisa que pudemos procurar foi algo que nos desse um pouco de força? Força para continuar, força para crescer, força para aguentar, força para superar, força para realizar, força para vencer. Essa energia interna que mantém e sustenta nossa firmeza emocional diante do mundo; sem ela, nossas convicções são frágeis e nossa vontade é pequena. Necessitamos de força para viver. Não só de força física como também mental, emocional e espiritual, todas necessárias para lidar com as questões diárias da vida.

No mundo não existem pessoas fracas, mas apenas que desconhecem a capacidade latente que nelas habita. Dessa maneira, apesar de a força estar à nossa disposição, nem sempre a direcionamos de modo adequado. A raiz dela está em nossa mente, porque é por meio de nossos pensamentos que a colocamos para trabalhar a nosso favor ou até mesmo contra nós. Em uma mente saudável e em equilíbrio reside a maior força que podemos ter.

Ao contrário da visão geral, não é mais forte aquele que não demonstra sentimentos, que jamais chora ou que nunca pede ajuda. A pessoa forte é simplesmente aquela que reconheceu essa capacidade dentro de si, que fez de si mesma o seu maior apoio, que se comprometeu a se amar, se proteger e assumir a responsabilidade pela própria vida. É alguém que, acima de qualquer coisa, apoia a si mesma e não tem medo de ser naturalmente aquilo que é e de seguir em frente. A pessoa forte é a que compreendeu, há muito tempo, que algo só parece mais forte do que nós quando damos força a isso.

Há quem dê sua força às pessoas porque pensa que a opinião delas vale mais do que a própria, e assim lhes transfere algum tipo de poder, seja por algum *status*, seja por alguma função ou posição que lhes atribui. Outros colocam sua força em quem amam, sem perceber que, nesse momento, se tornam reféns da presença dessa pessoa para se sentirem fortalecidas. Decerto devemos dar afeto e importância a quem amamos, mas também é preciso compreender que esse processo não torna essas pessoas senhoras e donas de nossa vida. Por fim, ainda há aquelas que pensam que sua força reside no ego; dessa forma, só a sentem por meio da atenção, do elogio, do reconhecimento e do aplauso do mundo.

Enquanto transferirmos nossas forças para algo, alguém ou para uma determinada imagem de nós que precisamos satisfazer, sempre nos sentiremos frágeis e pequenos diante do mundo. A única forma de nos fortalecermos e encontrarmos esse poder em nós é estarmos verdadeiramente dispostos a descontruir a imagem de imperfeição que fazemos de nós mesmos. É claro que temos pontos a crescer. Estamos em desenvolvimento, não nascemos prontos. E é por isso que não somos imperfeitos. Somos perfeitos diante do nosso tempo e daquilo que podemos ser aqui e agora. Mesmo possuindo inúmeras questões a desenvolver dentro de nós, contamos também com vários talentos, virtudes e capacidades já adquiridas. É exatamente ali, no reconhecimento e na valorização desses pontos, que reside a nossa força. Somos únicos! Perceber e abraçar essa unicidade desperta o melhor em nós. Enquanto continuarmos a nos comparar, julgar e considerar errados por sermos quem somos, minaremos as nossas forças e ignoraremos o nosso próprio valor. Reconhecê-lo é jamais se acreditar menos que alguém. Cada pessoa possui seu jeito, seu ritmo, seus potenciais e é especial por ser quem é. Podemos e devemos nos inspirar em quem nos instiga a algo positivo, contudo é importante compreender que essa pessoa também tem seus limites, é alguém igualmente em crescimento e que a jornada dela não diminui a nossa.

É muito natural, diante dos nossos limites, nos sentirmos frágeis em alguns momentos. Todos nós necessitamos de apoio e de estímulos que nos fortaleçam. Mas nem sempre eles virão da ajuda de alguém. Na maioria das vezes, somos nós que precisamos nos ofertar essa dose de carinho, incentivo e apoio. Há ocasiões em que precisamos dar um tempo, nos "pegar no colo", ter paciência conosco, com a vida, chorar nossas mágoas e, após isso, nos incentivar e nos lembrar de todos os nossos potenciais. Não podemos viver esperando que o mundo nos aplauda e nos reconheça o tempo todo. Precisamos, sim, aprender a desenvolver essa voz interna que nos incentiva e nos faz ir adiante. Ao desenvolvermos uma mente com uma visão positiva de nós mesmos, encontraremos a força que nos mantém em pé e nos faz seguir, mesmo com todos os percalços que possamos encontrar pelo caminho.

Não precisamos esperar atingir essa ideia de perfeição para sentir essa força em nós. Podemos e devemos aceitá-la e reconhecê-la agora, mesmo com todos os nossos supostos "defeitos". Não precisamos do reconhecimento de ninguém para isso, apenas do nosso. Força é uma postura interior a nosso favor, é decidir estar do nosso lado, é jamais deixar de se apoiar, é não menosprezar as próprias qualidades, é se ver como é sem se diminuir!

Por isso, não se sinta fraco porque você chora. Não se sinta fraco porque, diante da imprevisibilidade do futuro, o seu coração treme um pouco. Não pense que é fraco por ter pensado em desistir ou, até mesmo, por ter abdicado de algumas coisas em sua vida. Não se sinta fraco por alguma derrota, algum erro ou algum constrangimento que viveu. Não se considere fraco por não ter alcançado algumas coisas que você disse a si mesmo que conseguiria, porém que ainda não obteve. Não se sinta fraco por não estar recebendo o aplauso, o agradecimento ou o amor de que gostaria. Não se sinta fraco por nem sempre poder amar a si mesmo ou reconhecer os seus dons. Tudo isso não o torna fraco, mas sim humano! Você apenas se sente frágil quando transfere a sua força para algo ou alguém. Tudo o que considera forte é você enxergando a sua própria força refletida nisso, que fez sua alma cruzar existências, crescer com seus enganos e estar aqui mais uma vez. A mesma força que o faz continuar e que o fará superar qualquer dificuldade em seu caminho.

Essa força é parte do Universo em você. Porque você é vida em movimento, é parte desse todo, da grande história universal que jamais cessa. Em você reside a força das estrelas que clareiam a imensidão, das plantas que desabrocham no solo, do vento que percorre as cidades, de cada ser vivo que nos mostra em cada segundo que a vida jamais para. Nunca deixe que sua mente nuble a realidade e não lhe permita ver a grandeza que existe em você. Olhe para si, não apenas para fora, mas para dentro, para o seu passado e para o futuro que o aguarda. Sinta a sua força pulsando em você, alimentando o seu ser, quebrando os seus bloqueios e garantindo que, não importa o que aconteça, você tem a plena capacidade de superar e seguir em frente. Diante da força imortal da alma, nada pode nos parar.

18
A FÉ

*"Ter fé em si mesmo
é sempre se dar
a força necessária
para crescer!"*

A fé é o nosso poder de crença. Embora a associemos à religião, ela se estende para muito além do campo espiritual. Ela é nossa capacidade de acreditar em algo. É uma atitude interna que mistura a esperança e a confiança em um determinado elemento. É quase como possuir uma certeza sobre algo, mesmo que não tenhamos os elementos para comprovar nada. A fé é uma força que vem da alma. Como não vivemos apenas diante de coisas visíveis e materiais e somos seres feitos também de pensamentos, sentimentos, esperanças e de todo um complexo de forças invisíveis que interagem conosco e sustentam a nossa vida, precisamos, em muitos momentos, da fé para nos manter firmes.

Essa fé pode vir em forma de esperança que surge durante nossas dificuldades e nos promete dias melhores; que nos faz crer em algum tipo de superação, alguma melhora ou conquista; e que nos faz acreditar que nossos sonhos são possíveis e que vale a pena lutar por eles. A esperança não é uma espera passiva que apenas espera e aguarda mudanças sem nada fazer para tal. Ela é movida pelo nosso trabalho e alimentada quando fazemos a nossa parte. É como uma voz que nos diz que precisamos confiar e saber esperar. Como aquele que planta e precisa ter a serenidade de esperar a planta crescer. A fé não é uma garantia. Ela não nos dá certezas de como as coisas acontecerão, porque, se o fizesse, não seria fé. Ela é a força que caminha entre a dúvida e a certeza. É a ela que nos agarramos enquanto algumas respostas não chegam e alguns resultados não acontecem.

A fé também pode vir em forma de confiança, a qual depositamos nas outras pessoas ou na vida. Dar um voto de confiança a alguém é um presente invisível que parte diretamente da alma. É um dos níveis mais profundos do amor, porque denota a segurança que sentimos no outro, mas que não pode ser algo cego, porque a verdadeira confiança é aquela que parte quando aprendemos a conhecer a alma alheia, o que muitas vezes demanda tempo, afinidade e consciência de suas limitações. Precisamos saber em que depositamos a nossa fé e lembrar que, ao fazer isso, não devemos jogar no outro a responsabilidade de cuidar de nós ou de esperar dele coisas que não lhe cabem.

Independentemente da maneira que se manifeste, para ser efetiva a fé precisa caminhar lado a lado com a consciência. Ela precisa estar ligada ao bom senso e ao bem geral. Porque, em si, sua natureza é neutra, de modo que o uso que fazemos da nossa capacidade de crer pode ser tanto algo extremamente produtivo para nós e para o mundo como nocivo para a nossa caminhada e para os demais. A fé cega, que acredita em algo sem base nenhuma, ou a fé irracional e até extremista, que muitas vezes quer invadir e se impor frente ao espaço de crença dos demais, são maneiras equivocadas de direcionar essa capacidade, que, aliás, é um grande dom.

O que fará a diferença é onde a colocamos: nas pessoas, na vida, em eventos futuros, em Deus ou em algum tipo de força universal ou divina. Mas, de todas as maneiras que a fé pode ser manifestada ou direcionada, a que nunca pode nos faltar é a fé em nós mesmos. Ainda nos desconhecemos. Temos não apenas sombras que precisam ser trabalhadas como também luzes que temos que aprender a fazer brilhar. Estamos em crescimento, buscando melhorar e construir uma vida melhor. Nesse processo, é muito natural que desconfiemos da nossa capacidade de conquista e de realização. No jogo egoico das comparações, é comum considerarmos o outro mais capaz. É uma maneira ilusória de ver, que suga a nossa confiança e nos faz temer a vida ou deixar de ir atrás de nossos sonhos. Quando fazemos isso, deslocamos a fé em nossas capacidades e a depositamos apenas nas dificuldades. Minamos a nossa força, não arriscamos, não investimos em nós porque, em nossa mente, temos a certeza de que não conseguiremos determinado feito. Essa fé mal direcionada acaba se tornando um grande bloqueio que nos tira toda a confiança. Uma crença como essa pode ter origem em algum trauma do passado, quando não conseguimos algo ou falhamos de alguma maneira; com base nessa experiência pregressa, temos a "certeza" de que outras situações semelhantes terão o mesmo resultado.

Recuperar a confiança em si mesmo consiste em se desvincular dessas situações passadas, entender que o ontem não nos define, bem como compreender que todas as situações que vivemos servem como parâmetros para que possamos analisar quais pontos devemos mudar. Mas, acima disso, a fé em si mesmo surge da valorização das nossas qualidades. Valorizar o que sabemos, o que conhecemos e os pontos positivos em nós é o que nos ajuda a crescer. Essa atitude não desmerece as qualidades alheias nem deve servir de comparação. Cada um possui dons próprios e deve aprender a valorizar e aprimorar cada um deles.

O que muitas vezes nos tira a fé e a confiança em nós é a crítica externa. Por si só, ela não é necessariamente negativa. Se filtrada e bem usada, pode nos ajudar a aprimorar pontos que necessitam de melhora. Não devemos buscar apenas o elogio como uma forma de ânimo. Aprender a reconhecer os pontos que podem ser aprimorados é essencial em nossa caminhada. Precisamos aprender a ouvir críticas sem nos ofender, sem levar para o lado pessoal e sem perder a confiança em nós mesmos. Contudo, nem todas as pessoas as farão pensando no nosso bem. Muitos serão aqueles cujo desejo é manipular o nosso emocional e desestabilizar a nossa confiança. Essas são as críticas que temos que aprender a bloquear. Se uma crítica é carregada de má intenção e em nada nos ajuda a crescer, não temos por que dar créditos a ela. Nossa fé em nós precisa ser maior que a maledicência de algumas pessoas que ainda estão se ajustando às próprias emoções.

Ter fé em si mesmo e na vida nem sempre está em pensar que as coisas acontecerão da maneira como imaginamos. A fé está em termos a certeza de que daremos o nosso melhor e que, independentemente do resultado, estaremos do nosso lado para nos apoiarmos e não desistirmos do nosso progresso e daquilo que faz o nosso coração vibrar.

De uma maneira ou de outra, nosso poder de crença sempre está sendo direcionado para alguma coisa, só precisamos estar atentos para onde, se essa capacidade está sendo usada de forma produtiva para o nosso progresso ou se estamos alimentando ilusões e bloqueando as nossas capacidades. Mais importante do que ter fé é usá-la com sabedoria. Ter fé em si mesmo é sempre se dar a força necessária para crescer!

19
A INTUIÇÃO

"Seguir a intuição é ouvir o que a alma diz."

Se a mente é a sede do conhecimento lógico e racional, a intuição é a expressão da sabedoria que vem da alma. Não é por acaso que a intuição é conhecida como o sexto sentido, pois ela é a capacidade sensitiva de tudo aquilo que não pode ser acessado pelos cinco sentidos comuns. A intuição os transcende porque nos dá acesso à compreensão de algo que está acontecendo ou que pode acontecer por uma apreensão que vai além da visão, da audição ou do tato. É um sentir que surge como uma voz oculta que nos desperta a atenção para algo.

Todas as pessoas são naturalmente intuitivas, mas nem todas têm consciência disso, ou seja, nem todas estão sensíveis a essa capacidade. Desenvolver a capacidade de ouvir a intuição é um desaprender a enxergar o mundo apenas por um viés racional dentro de um mundo mecanicista. Ao fazermos esse exercício, não ignoramos a importância do pensamento lógico, mas compreendemos que somos seres com outras capacidades e que há coisas que não podem ser absorvidas nem assimiladas em sua totalidade pela mente, ao menos não apenas por ela. O conhecimento intuitivo é uma das portas para o ver com os olhos da alma.

A filosofia chinesa antiga traz em si a ideia desse saber intuitivo de uma maneira mais integrada à sua visão de mundo e da captação de um conhecimento que não se dá apenas pela racionalização. A dualidade *yin-yang* traz a interação do racional, da força e do movimento, pelo *yang*, e da intuição, da sensibilidade e da receptividade, que se dá por parte do *yin*. Mais do que uma possível representação do masculino e do feminino, esse arquétipo carrega os elementos duais manifestados em cada ser.

É muito comum entendermos a intuição como algum tipo de premonição ou pressentimento. A verdade é que tanto um como o outro passam pelas vias da intuição, mas ambos são saberes ou sentimentos que têm sua gênese em algum tipo de raciocínio. Contudo, a intuição está para além disso, pois está na percepção de elementos que nos trazem uma espécie de sentido da realidade ou de uma determinada situação. É como um conhecimento direto que não necessitou passar por uma série de conjecturas para chegar a uma determinada conclusão sobre algo. A intuição é uma ação realizada pela alma, em que ocorre uma captação de ondulações que são sentidas pela aura e direcionadas ao nosso ser.

É difícil interpretar o que se intui, exatamente porque a intuição não é algo pensado, mas sim sentido. Por assim ser, podemos decidir se vamos seguir o que sentimos, algo que estará sempre no campo do nosso arbítrio. Diferenciar o que diz a nossa intuição daquilo que parte de outros sentimentos, como o medo, a insegurança, a angústia ou o que muitos chamam de "paranoias da mente", está muito ligado à origem dessa sensação. A intuição dificilmente tem um ponto exato que podemos definir como possível causa dessa sensação. É muito natural, por exemplo, sentir que não devemos ir a lugares de que não gostamos ou não tivemos experiências agradáveis. Isso não significa que nossa intuição está nos avisando de que acontecerá algo, mas é apenas uma reação normal que reflete experiências passadas desagradáveis. Sempre que uma sensação surgir, devemos procurar analisar se não há ali alguma relação com situações já vivenciadas. Quando passamos a fazer esse exercício de separação, questionando-nos sobre a possível origem de determinadas emoções, não só conseguimos discernir melhor quando é a voz da intuição a falar conosco como também nos tornamos pessoas com maior consciência emocional, capazes de poder observar quais bloqueios que habitam em nós precisam ser superados e quais peculiaridades fazem parte de quem somos e devem ser respeitadas para o nosso bem-estar físico e emocional. De um modo ou de outro, o saber intuitivo acaba sendo, em todo o seu processo, esse mecanismo de autoconhecimento e guia para a vida de modo geral.

Desde muito cedo, muitas pessoas possuem um contato intenso e íntimo com a intuição. São as chamadas pessoas intuitivas, na sua mais pura expressão. Elas ouvem essa voz constantemente e com extrema facilidade. São acostumadas a sempre "saberem um pouco mais". Não exatamente um conhecimento científico, mas um conhecimento da vida. Elas sabem ler as pessoas com facilidade e entendem o que estão sentindo, mesmo que não tenham lhes dito nada, pois, como sentem profundamente suas próprias emoções, sabem reconhecê-las nos outros. São dotadas de uma empatia natural que, se não trabalhada para o próprio equilíbrio, pode ser entendida como um duro fardo, quando, na verdade, é apenas uma habilidade que necessita de cuidado e educação.

É difícil ocultar algo de uma alma intuitiva. Ela pode não saber em detalhes o que se passa, porém sente que algo está acontecendo ali, como alguém que não sabe onde está o fogo, mas já sentiu o cheiro de fumaça no ar. Por isso, em um momento ou outro acabará encontrando as respostas. Uma pessoa intuitiva às vezes se sente um pouco solitária, pois teme abrir o que se passa dentro de si e ser tachada de estranha. De certa maneira, isso é natural, visto que nem todos entendem o mundo por uma óptica mais ampla. Mesmo assim, a felicidade de uma alma intuitiva está em expressar a si mesma exatamente como é e seguir essa voz. Os grandes mestres, as pessoas revolucionárias, os maiores inventores, todos foram pessoas que, à sua maneira, seguiram o caminho da intuição, dando força e confiança a essa voz, sem exatamente compreender aonde ela as levaria. Quase como um palpite, um *insight*, uma persistente sensação que não desaparece enquanto não nos conduzir para um determinado caminho ou tentativa. Ou mesmo como a própria etimologia da palavra nos sugere, *intueri*, do latim, que significa *olhar com atenção*.

    O chamado "terceiro olho", a habilidade de olhar do coração e a ideia de ver com os olhos da alma é exatamente o que é o olhar intuitivo, que sempre enxergará para além do visível e verá coisas que estão além deste tempo e deste espaço. Somos seres que transcendemos a matéria, e é exatamente por isso que necessitamos de um guia que seja um canal entre esses elementos não captados por nossos sentidos físicos. Isso leva a nos guiarmos pelo sentir.

    Guiar-se pelo que sentimos não é o mesmo que se deixar levar por impulsos ou emoções descontroladas. É usar o que o nosso mundo interior fala como ponto de reflexão acerca do que fazemos, do que realmente queremos, para onde vamos e quais as melhores decisões a tomar. Quem não ouve essa voz e crê que apenas uma análise lógica pode dar uma resposta se vê constantemente em caminhos que acabam não fazendo sentido para si. Atitudes e buscas que são desprovidas de alma não nos atingem profundamente. Isso vale para trabalho, relacionamentos, atividades diárias e pessoas que mantemos em nosso círculo de relações. A intuição é uma sábia conselheira em todos esses campos, pois nos guia para aquilo que tem a ver conosco, traz nuances do que se passa no interior de cada pessoa, de quais devemos nos aproximar, de quem devemos manter distância, bem como nos leva para caminhos que ajudam a alimentar o nosso interior. Seguir a intuição é ouvir o que a alma diz.

A intuição pode ser entendida como um dos braços da sensibilidade, parte da qual nos possibilita captar os melhores caminhos para fazer as melhores escolhas. Estreitar os laços com a própria intuição requer dois pontos: o fortalecimento da nossa autoconfiança e a busca pelo autoconhecimento. Alguém que não confia em si mesmo – que, como vimos, não possui fé na própria capacidade – não dá espaço nem poder para a sua intuição, porque ela é um guia que vem de dentro, não é algo externo. Uma pessoa que não dá valor para o que parte de si não tem autoconfiança e valoriza mais as vozes externas do que aquela que vem de dentro.

Uma pessoa assim necessita aprender a valorizar mais as suas qualidades e apreciar as suas virtudes. Isso só é possível quando se deixam de lado as comparações com o outro e com os modelos do mundo para compreender a importância da individualidade. Cada ser carrega consigo os seus dons, as suas capacidades, os seus pontos positivos e está nessa trajetória para aprender como todos os outros. Alguém que deseja ter mais autoconfiança precisa redirecionar o seu olhar. É bom valorizar as qualidades do outro, mas sem se esquecer das próprias.

Quanto mais autoconfiança adquirimos, mais força damos à nossa intuição e maior a conexão que estabelecemos com ela. No entanto, desenvolver ou recuperar a confiança em si perpassa pelo processo de autoconhecimento. Desde que nascemos, começamos a desenvolver o nosso ego, o "eu externo", a imagem que transmitimos ao mundo de acordo com os moldes impostos pela sociedade, como falamos anteriormente. Os ditames sociais costumam encaixar as pessoas em determinados rótulos que predeterminam quem a pessoa deve ser, do que deve gostar, como deve agir, como deve se vestir e o que precisa fazer para ser aceita e amada. Ou seja, o mundo nos passa a ilusão de que não somos suficientes e que não temos valor em nós mesmos, que precisamos ser "algo" para ganhar o afeto que desejamos. Inconscientemente, entramos nesse jogo e acabamos nos distanciando da nossa verdadeira essência, daquilo que somos em profundidade, para além de nomes ou formas. Quanto mais distantes estivermos de nossa essência, mais intensos serão os nossos conflitos, pois ninguém pode viver feliz desconectado de si mesmo.

E é nesse contexto que deve entrar o processo do autoconhecimento, que nos leva para dentro, que proporciona o reencontro conosco. É uma jornada de redescoberta do nosso "eu", da nossa autenticidade, da capacidade de sermos espontâneos e fiéis à verdade que habita em nós. Ir ao encontro dessa verdade é permitir o florescimento da sensibilidade e, por consequência, dar força à nossa intuição, que é o grande guia dos caminhos certos para nós.

As pessoas intuitivas sempre serão as herdeiras da sabedoria ancestral transmitida ao longo dos tempos, ao passo que também são a geração do futuro, de pessoas conectadas ao todo e às forças invisíveis que transcendem a razão. Elas propiciam a criação de um novo mundo porque, por meio da intuição, são guiadas aos seus propósitos e, quando os realizam, auxiliam no progresso do mundo e da civilização na direção do estabelecimento de uma transformação e de uma nova consciência.

20
AS TRANSFORMAÇÕES

"Viver é estar no fluxo das transformações sem fim, pois estas são a própria vida se manifestando."

Viver é estar no fluxo das transformações sem fim, pois estas são a própria vida se manifestando. A vida é transformação. Tudo muda e se renova continuamente. Nada permanece completamente igual. Mudam as paisagens, mudam as pessoas, mudam as circunstâncias, mudam as horas, mudamos nós com todo esse processo. Embora tenhamos medo das mudanças e busquemos estabilidade, a vida é um grande fluxo. Se nossa mente não se alinha ao fluxo da vida, sofremos com as transformações, acreditando que elas representam apenas finais. No entanto, se trazemos ao nosso modo de ver a sabedoria da alma, compreendemos que, por trás de toda transformação, moram os recomeços. Nada efetivamente termina, no sentido de deixar de existir, pois o que ocorre é ressignificação, aprimoramento, evolução. Mesmo uma experiência vira memória, e até nós que mudamos continuamente não deixamos de existir e de ser quem somos. Não nascemos apenas quando chegamos a este mundo, nem morremos quando o deixamos. Nascemos e morremos a todo instante, e assim renascemos todos os dias, a cada minuto, em diferentes formas, sem que percamos a essência daquilo que somos.

Tememos muito a morte porque não a compreendemos. Como já tratamos em outros capítulos, sabemos que nosso medo em relação a ela é, na verdade, o medo de perder, o qual está ligado a uma ilusão de posse. Tememos perder o outro, tememos perder quem somos, a nossa aparência, a nossa identidade, as coisas que conquistamos. Mas a morte não é apenas física, ou seja, a passagem deste plano para outro, o fim da vida material. Essa é apenas uma de suas roupagens, um episódio mais marcante no meio de tantas que vemos e sofremos todos os dias. Morrem pequenas versões de nós e nascem outras sem que sequer percebamos. Quantas vezes não pegamos uma foto antiga e vemos o quanto mudamos? Ou nos lembramos de alguma atitude que não repetiríamos? Recordamos de sonhos, vontades, costumes, hábitos que não temos mais e, aos poucos, vamos compreendendo que nos tornamos uma nova pessoa. A mudança acontece sempre, em maior ou menor escala, com ou sem a nossa percepção, mas tudo sempre se transforma.

Em essência, as transformações são mudanças de condições, ou seja, nada deixa de existir por completo, ao passo que nada também permanece sempre igual. Nesse jogo, vida e morte são o piscar dos olhos da existência. É esse movimento das transformações que faz a vida acontecer. Tudo o que se mantém como algo pouco alterado torna-se, para nós, comum, banal, sem muito valor, tanto que se perde em nossa consciência, que necessita das transformações, do novo, do diferente para poder progredir.

As transformações são belas, e todas trabalham para o nosso desenvolvimento pessoal e coletivo. Elas apenas se tornam dolorosas quando resistimos ao seu fluxo e nos apegamos a uma ideia de como gostaríamos que as coisas permanecessem. Nossa aversão às mudanças e o apego a determinadas coisas geralmente surgem da nossa insegurança em relação ao novo, como se ele não pudesse trazer situações tão boas quanto as passadas, ou como se houvesse algo ameaçador nele. É certo que nem todos os processos de transformação são agradáveis, mas todos são necessários. Resistir às mudanças é negar a própria dinâmica da vida e criar uma ilusão de estabilidade efêmera, ao menos no que tange a essa falsa ideia de busca pela solidez externa. São nossos medos que querem fugir da fluidez da vida, porque nossa grande tendência é buscar construir uma segurança fora de nós, de modo que nos esqueçamos de que ela sempre está do lado de dentro. Ela não é um ponto externo fixo e imutável. É uma habilidade interna que desenvolvemos com o tempo e à qual podemos ter acesso em qualquer lugar ou circunstância.

Essa habilidade de se deixar levar pelo fluxo da vida é a capacidade da adaptabilidade. Ao longo da evolução, as espécies que sobreviveram não foram as mais fortes, em termos físicos, mas aquelas que conseguiram se adaptar às circunstâncias às quais foram expostas. Da mesma maneira, a nossa própria felicidade está ligada a essa capacidade. A vida muda, quer queiramos, quer não. Quando nos prendemos a uma determinada imagem de vida e a determinamos como única via possível de felicidade, resistimos ao fluxo das transformações, nos recusamos a nos adaptar e, por consequência, cooperamos com nossa própria infelicidade. A passagem de uma pessoa querida para outro plano, o término de uma relação, uma mudança de emprego ou de cidade, o avanço da idade e os chamados reveses da vida são exemplos que acontecem com todos nós, um marco de mudanças significativas em relação à dinâmica de vida que vivíamos até então e que tem agora, como única saída, a adaptação ao novo cenário que se estrutura à nossa frente. Desse modo, quanto mais apegados estivermos ao que foi, mais difícil será esse processo e maior o sofrimento.

É muito comum nos apegarmos a determinados cenários de vida. Em geral, são circunstâncias que antes nos traziam conforto, segurança, bem-estar e felicidade, ou ao menos a esperança de conquista de tudo isso. Noutras vezes, apegamo-nos a determinadas situações porque simplesmente nos acostumamos a elas, mesmo que elas nos tragam desconforto. Isso acontece porque elas não nos desafiam, não exigem nada novo de nós, não abrangem o medo e a insegurança que o diferente pode nos apresentar. É por isso que muitas pessoas preferem continuar vivendo em uma realidade difícil, mas já conhecida, a correr o risco de se colocarem em situações que talvez não saibam como agir. Mas esse tipo de resistência ao fluxo das mudanças não torna diferente o fato de que elas mudam, independentemente de nosso querer ou não, e que, inclusive, também nos modificam, mesmo que não desejemos isso. As transformações estarão aí. A nossa escolha é sempre entre procurar caminhar com esse fluxo, alinhando-se com as novas perspectivas apresentadas, aproveitando o fluxo da expansão da nossa própria consciência, e tentar negar todo esse processo, preferindo nos agarrar a realidades que não existem mais, detendo, assim, a nossa caminhada e a nossa felicidade.

    O primeiro passo para fluir com as transformações é a aceitação da própria dinâmica da vida de que tudo muda constantemente. O segundo é o entendimento da sua importância e do seu valor. Só assim poderemos passar a enxergar a beleza que se oculta dentro da mudança, o que nos permitirá mergulhar dentro desse milagre da vida e, então, perceber que as transformações são a dança da existência da qual somos convidados a fazer parte e entrar no ritmo a cada instante. É somente por meio do poder que existe nas transformações que podemos manter viva dentro de nós a certeza da superação das nossas dores, da realização das curas de que tanto necessitamos, da possibilidade da conquista dos nossos sonhos e do crescimento e da evolução da nossa alma, porque elas são o espaço onde a vida acontece e se torna possível. As transformações nos renovam e permitem o nosso próprio progresso.

Transformar-se é se permitir renascer a cada instante, é largar o velho e abraçar o novo, é mergulhar no intenso processo das transmutações. É perceber que somos uma constante metamorfose divina, uma alma alquímica que transforma as experiências em ouro para a alma, um espírito que flui com o rio da eternidade que sempre segue seu curso. Aceitar fluir com as transformações é se permitir dizer "sim" à vida e, aos poucos, despertar para propósitos cada vez maiores.

21
O DESPERTAR

"Fácil é abrir os olhos do corpo; difícil é despertar a alma. Mas só acordamos de verdade quando abrimos os olhos de dentro."

Fácil é abrir os olhos do corpo; difícil é despertar a alma. Mas só acordamos de verdade quando abrimos os olhos de dentro. O despertar da consciência é provavelmente o nosso grande objetivo neste planeta, um processo que também é chamado de processo de iluminação ou, simplesmente, de "despertar". Quando pensamos nesse processo, logo nos vem à mente a imagem dos grandes seres iluminados que serviram como guias e modelos espirituais para a humanidade, como Jesus, Buda, Krishna, entre outros, seres esses que atingiram um elevado grau de consciência e, por isso mesmo, ficaram conhecidos como seres despertos. Apesar de ainda estarmos longe desse estado de consciência profunda, não significa que estejamos completamente adormecidos. Transitamos entre a consciência e o despertar dentro do nosso ritmo e dos nossos desafios.

Da mesma forma que se dá o nosso despertar pela manhã – ouvimos o som do despertador, levamos um tempo para abrir os olhos, assimilamos onde estamos, que dia é, o que temos a fazer até, finalmente, estarmos mais atentos –, o nosso processo de despertar espiritual também se dá em diferentes níveis, muitas vezes começando por setores diferentes. Embora o despertar se refira à totalidade das coisas, o seu desenvolvimento é muitas vezes desencadeado por um determinado fato em uma área específica, levando-nos a "acordar" para questões mais profundas da vida. Esses fatos ou essas pessoas que nos direcionam para a busca de uma nova consciência e forma de ver a vida são os chamados "despertadores espirituais".

Os despertadores espirituais são mecanismos que chamam a atenção da nossa consciência para uma maneira mais profunda de enxergar a vida, para além da matéria em suas camadas sutis. De certo modo, toda a nossa jornada, neste planeta ou em outros planos, é um processo de despertar para aquilo que realmente somos e para a vida de modo geral. Cada pessoa, fato e vivência com que nos deparamos pelo caminho é um instrumento que faz parte desse despertar. São como toques sutis e silenciosos da vida procurando nos sensibilizar para uma nova forma de ver, para o desenvolvimento da nossa sensibilidade, do afeto, da compaixão e do amor em si mesmo. Assim, nada do que vivemos é em vão. Cada um de nós nasce, convive e possui tudo que lhe seja útil para o desenvolvimento naquele instante, de acordo com o próprio processo. Apesar disso, quando falamos em despertadores espirituais, costumamos nos referir a episódios com uma carga emocional mais intensa, que nos afetaram de maneira poderosa e causaram uma grande mudança no modo como vivíamos e enxergávamos a vida.

Não obstante, cada pessoa vive essa experiência de maneira muito particular, o que acarreta diferentes histórias. Mesmo assim, todas elas são permeadas pelos seguintes elementos básicos: a dor e o amor. É muito popular a frase de que aquele que não aprende pelo amor o faz pela dor. Mas, ao analisá-la com mais atenção, percebemos que há apenas um caminho real: o do amor. Ou agimos por ele, ou o procuramos – de forma consciente ou não –, mas, em nossas ilusões, acabamos encontrando a dor, que nos aponta para a direção contrária. Todas as pessoas que se caracterizam por atitudes de abuso, raiva, desrespeito e violência carregam dores e carências profundas, crentes de que estão buscando uma sensação de poder ou valor, quando, na verdade, estão tentando ilusoriamente preencher um espaço que seria do amor que ainda não fizeram desabrochar em si. Todos nós encontramos, em algum momento, a colheita dos nossos atos. É justamente ela que descortina nossos olhos e nos mostra o que realmente era importante e o que de fato estávamos buscando por meio de atitudes equivocadas. Quanto maior a nossa inconsciência, mais comuns são os comportamentos equivocados gerados pela má interpretação do que queremos ou do funcionamento da vida. Ou seja, nossa dor costuma ser proporcional ao quanto ainda precisamos acordar para determinadas coisas. Quanto mais intenso é o sono da consciência, maior é o estímulo para despertá-la.

Por isso que a dor é considerada um mecanismo tão popular do nosso despertar. Um estímulo mais intenso, dada a profundidade do nosso adormecimento para algumas questões da vida. Quantos de nós não repensamos nossas atitudes após uma desilusão, a perda de alguém, um acontecimento inesperado, uma doença mais séria, algo que abalou nossas estruturas, nos fez sofrer e, ao mesmo tempo, ir atrás de respostas? Há pessoas que mudam radicalmente após situações assim. Existem inúmeras histórias de personagens de grande elevação espiritual que retratam isso, como o próprio Buda. O príncipe Sidarta Gautama, após sair de seu palácio e se deparar com os males do mundo, como a doença, o envelhecimento, a pobreza e a morte, sente uma intensa inquietude interna e vai em busca de respostas para fazer cessar o sofrimento. Após praticar diversas técnicas, como o jejum intenso, senta-se para meditar e promete não sair desse estado até entender a raiz do sofrimento. Após enfrentar diversas tentações e, por fim, o demônio chamado Mara, que tenta seduzi-lo por meio de diversas ilusões, Sidarta tem o *insight* de que o apego é a razão do sofrimento. Nesse momento, tudo fica claro para ele, e é então que se torna o Buda, *o Desperto* ou *o Iluminado*, e passa a pregar aos seus antigos companheiros, agora discípulos, a sua doutrina.

A história de Buda contada resumidamente aqui apenas ilustra um processo de despertar que advém pelo chamado da dor. Nem todos que enveredam por esse caminho terão esse mesmo nível de despertar, tampouco chegarão às mesmas conclusões, contudo certamente alargarão sua visão de mundo e encontrarão um sentido maior para a vida.

A busca do sentido, como ímpeto interno que nos move e leva ao despertar, é puramente aquela que se dá pelo amor. Não deixarão de existir dor, angústia ou inquietude interna, porque, como vimos, essa é a busca para resgatar essa sensação que verdadeiramente nos preenche. Podemos chamá-la de amor, plenitude, espontaneidade ou conexão com a essência do todo. É um processo que se dá de uma forma, por assim dizer, mais leve, embora exija coragem e disposição para ser seguido, pois comumente vai contra os ideais do mundo. A busca pelo caminho do propósito pode ocorrer pelos desejos de preencher o vazio interno ou, então, surgir por inspiração, por meio de um livro, uma música, um poema, um conselho, uma pessoa ou um fato presenciado.

Despertar por meio do encantamento ou da inspiração proporcionada por algo é um dos processos mais belos do acordar da alma. Somos seres que, pela dor, despertamos muitos aspectos em nós, assim como, ao longo da nossa jornada, também somos tocados pelo belo, pelo harmônico, por sentimentos transcendentes que nos arrebatam e nos movem para outros níveis de evolução.

Nossa consciência está destinada ao despertar. Podemos insistir no sono da superficialidade, negando-nos a ver quem somos e ignorando a profundidade da vida. O Universo, porém, nos chama, e cada situação que nos acontece é um despertador para algum aspecto da nossa consciência. Entre a dor e o amor, vamos acordando pouco a pouco, dando foco e nitidez a aspectos de nossa existência que ainda não havíamos notado, até que, de repente, algo nos acontece e nos chama ao despertar do entendimento da própria vida. É aí que uma verdadeira revolução em nós acontece.

Sustentar esse estado diante da morbidez de uma sociedade que aos poucos desperta para essa realidade também não é fácil. É também parte desse processo manter-se acordado no sentido consciencial. Não podemos romantizar o despertar e todo o processo de cura e de autoconhecimento como algo perene, como se uma luz fosse brilhar sobre nossa cabeça. Despertar dói, evoluir dói, se curar dói. Então, por que mergulhar nesse processo? Porque essa não é a dor que leva ao sofrimento, mas sim à melhora. É como quando colocamos o remédio na ferida. Dói justamente porque esse processo, além de limpar, remove todas as sujidades que nela havia. O que não é diferente quando se trata de arrancar ilusões. Pode doer, mas não para sempre. Dói, mas ao mesmo tempo nos liberta e nos faz perceber que o despertar, por mais complexo que possa parecer, por mais que nos exija a reformulação, também nos recompensa e nos abre as portas para o amor, a paz e o reencontro com nós mesmos. É algo que, embora trabalhoso, também ressignifica toda a existência, uma vez que aquele que desperta não enxerga mais a vida do mesmo modo: muda seu jeito de ver, suas ações, suas relações, suas prioridades. Conforme a pessoa vai despertando, toda a sua vida é alinhada para algo maior. Ela se dá conta então que acreditava poder ver, porém que jamais havia enxergado a vida de verdade, que estava apenas presa ao sono das ilusões, que, por mais profundo que seja, todos um dia seremos chamados para esse despertar.

22
AS CONEXÕES

"Conexões são laços na imensidão, fios que mantêm as almas unidas pela força do amor e atam os destinos daqueles que possuem os mesmos fins de evolução."

Tudo que de alguma maneira sintoniza conosco representa uma conexão. Podemos nos conectar pelo amor, pelo rancor, pelas afinidades ou até mesmo por propósitos em comum. Inevitavelmente, atrairemos para nossa vida todos aqueles com os quais estabelecemos algum tipo de conexão, de modo que eles nos orbitarão enquanto estivermos atados a essa conexão, isto é, enquanto ainda houver sintonia.

Contatos podem ser criados por nossa vontade, mas conexões jamais são propositais. Elas se estabelecem de maneira inconsciente, natural, espontânea, possuem sua raiz nos sentimentos e criam cordões invisíveis que entrelaçam e ligam as almas onde quer que elas estejam. Sem se importar com o passar dos anos, elas continuam atuando e, por isso, certas conexões atravessam diversas existências, estendendo-se pelo horizonte da eternidade, porque, quando se estabelecem na alma, tempo e espaço são apenas espectadores dos encontros entre os seres.

Quanto mais profundas as afinidades e os sentimentos mútuos, maior é a conexão entre duas pessoas. Dessa maneira, conexões podem ser fortalecidas ou até desfeitas à medida que os sentimentos e as afinidades mudarem entre ambos, sejam eles de maior ou de menor qualidade.

Há pessoas com as quais estabelecemos conexões puras, pautadas no amor, no compartilhamento de ideais mais elevados, na compatibilidade dos gostos, no prazer que a energia de uma causa na da outra. Podemos nos conectar com pessoas sem jamais tê-las visto antes, sem sequer ter tido algum tipo de experiência em outras existências, como muitos imaginam. Apenas entramos em ressonância com o que o outro vibra. Podemos ter ali uma conexão de momento ou até estabelecer algo que venha a atravessar as barreiras do tempo. Os seres com os quais compartilhamos existências antigas nada mais são do que almas com as quais, em algum momento, estabelecemos e fortalecemos uma conexão ao longo das vivências. Essas conexões são criadas continuamente ao longo do tempo, segundo as intenções e os propósitos.

Entretanto, existem aquelas muito desagradáveis, que têm sua origem no espectro oposto de sentimentos. São estabelecidas quando nossas emoções estão desgovernadas, ou em desequilíbrio, como também podemos classificar. Embora ninguém goste de estabelecer esse tipo de conexão, ele é extremamente comum e cria laços nocivos. Enquanto as conexões elevadas fortalecem e alimentam a alma dos envolvidos, as negativas ferem a ambos, embora sirvam, de alguma maneira, para o crescimento deles, pois todo contato auxilia o nosso progresso, mesmo que por vias mais difíceis.

Em síntese, aumentamos o vínculo com tudo aquilo em que colocamos nossa atenção e nosso sentimento. Quando estamos com raiva de alguém, em virtude de situações das quais cremos ser vítimas, em razão de dívidas ou, até mesmo, de vingança, por acreditarmos que determinada pessoa tirou algo de nós, criamos conexões dolorosas com base no ódio, no rancor, na inveja ou até mesmo no desejo. Nossos pensamentos costumam estar voltados para esses seres, o que apenas aprofunda essa conexão.

Basta que, nesse momento, você pare, pense um pouco e se pergunte com quem tem conexões agora. Imediatamente surgirão diversas pessoas em sua tela mental: aquelas que, de alguma maneira, são importantes para você, bem como as que afetam o seu emocional e das quais você se lembra com frequência. Pergunte-se então se essas conexões são positivas ou negativas para o seu equilíbrio. Ao fazer isso, perceberá qual é a qualidade das conexões que vem estabelecendo em sua vida.

Embora as conexões surjam de maneira espontânea e quase inconsciente, somos nós que posteriormente as alimentamos ou as rompemos. É comum existirem pessoas que permanecem ligadas a outras, mesmo que estas já tenham saído fisicamente da vida delas há muito tempo; isso acontece por ainda se sentirem conectadas emocionalmente e conservarem sentimentos, muitas vezes negativos, a elas relacionados. Enquanto esse tipo de conexão se mantiver, determinadas áreas da vida podem ficar estagnadas, e é muito provável que a vida promova novamente encontros entre elas, nesta ou em existências futuras, para que essa conexão seja desfeita e ressignificada. Mas esses tipos de conexão são geralmente ligações de ordem mental, ou seja, criadas de acordo com um ponto de vista, uma leitura equivocada. Por exemplo: uma paixão, sentimento intenso que cria a falsa visão de necessidade do outro, mantendo uma pessoa ligada à outra; ou então uma mágoa, com a ideia de que há uma dívida pendente entre esses indivíduos.

Desfazer essas ligações nem sempre é fácil. Muitas vezes, no decorrer das vivências, os seres acabam aprofundando ainda mais essas conexões, que só começam a enfraquecer no momento em que um deles começa a transformar sua visão dos eventos e transmutar os seus sentimentos acerca do outro. A melhor maneira de romper esse vínculo negativo, mesmo que não exista uma interação física no momento, é, antes de tudo, perceber quão maléfico é manter uma ligação assim. Quando notamos o quanto sofremos com isso, damos o primeiro passo na direção de desfazer esse contato. O próximo acontece com a aceitação e a compreensão de que as coisas e os fatos são como são, isto é, que o passado não muda, que cada um age dentro das condições que possui e que é inútil tentar refazer eventos que já aconteceram, o que nos dá a percepção de quão desnecessário é ficar brigando com a vida e esperar algum tipo de ressarcimento, seja por meio de algum tipo de desejo de vingança, seja por meio do retorno dessa pessoa. Isso tudo leva ao perdão, o grande quebrador de todos os vínculos negativos. Não no sentido de acreditar que somos a vítima e o outro o vilão, achando que estamos sendo profundamente altruístas ao perdoarmos o outro, como se fôssemos superiores. É simplesmente o perdão que liberta, o ato de deixar ir, de não se prender mais à dor e à espera de algo em troca. Esse ato traz mais benefícios a nós mesmos do que necessariamente ao outro. Por isso, pode ser realizado sozinho, como um exercício interno. Todos nós podemos trabalhar para desfazer esses fios invisíveis que nos ligam ao outro, mas que, na realidade, são verdadeiros "nós". Ao mudarmos nossa maneira de ver as coisas e focarmos menos nesse alguém e mais em nossa própria vida, bem como em nossas ligações benéficas e as que queremos criar, mais fino ficará esse laço e mais rápido ele se desfará.

Enquanto isso não acontece, conexões dessa espécie continuarão a nos prejudicar. O Universo, porém, criará situações para nos ajudar a enfrentar esse processo, até mesmo reaproximando essas pessoas, se necessário for, pois ninguém foge de confrontar, uma hora ou outra, os laços que criou para si mesmo.

Da mesma maneira, as conexões positivas se mantêm. Isso não significa que determinada pessoa passe a ser nossa propriedade, nem que ela estará em nossa vida quando e no lugar que quisermos. Cada um é livre e tem seus próprios propósitos e caminhos a percorrer. Por isso dizemos que a conexão não se trata de posse ou de presença física. Ao contrário, ligações assim são mais que mentais, são energéticas, verdadeiras conexões de alma. Dessa forma, as pessoas estarão conectadas, mesmo que longe fisicamente, mesmo que fiquem sem se ver ou falar durante um período, mesmo que não pensem a todo momento uma na outra. Uma conexão assim está enraizada no sentimento e, por isso, vibra a cada instante, em uma comunhão de propósitos e afinidades.

Em determinados momentos, essas pessoas se encontrarão, e haverá aí uma explosão de alegria, pois os aspectos emocionais, mentais, energéticos e físicos estarão alinhados em um mesmo tempo e espaço. Um encontro assim faz com que ambas frequentemente percam a noção das horas, sintam-se transcender o ambiente físico e experimentem um aconchego interno, tão profundo, terno e poderoso, que é como se o outro fosse um pedaço de sua própria alma, parte de sua casa interior. Conexões assim podem parecer raras, para alguns até mesmo impossíveis, mas, quando estamos conectados ao nosso coração, nos permitimos ser autênticos e seguir a nossa intuição, então atraímos automaticamente pessoas assim também.

Apesar de as conexões serem profundas e belas, isso não necessariamente significa que a convivência em si não apresenta desafios. Tudo depende do amadurecimento emocional de ambas. À medida que as pessoas crescem interiormente, mais nutritiva fica essa conexão. Naturalmente, ela se desenvolve, alimentada pela maneira como ambas interagem. Atitudes positivas e conscientes sempre colaborarão com essas conexões, tornando-as verdadeiros veículos de auxílio mútuo no desenvolvimento dos seres. Se nos permitirmos enxergar o outro simplesmente com os olhos do amor, sem a possessividade e a insegurança do ego, perceberemos que a liberdade é a mais poderosa ligação entre almas, na qual o outro não é meu; mas, mesmo assim, há algo que nos mantém unidos.

E assim o Universo sempre promoverá esses encontros inevitáveis entre as almas que se aproximam por meio dos ecos do sentir, que ressoam na eternidade, chamando uma pela outra, mostrando a direção, unindo-as, então, de acordo com os propósitos e as necessidades do momento. Conexões são laços na imensidão, fios que mantêm as almas unidas pela força do amor e atam os destinos daqueles que possuem os mesmos fins de evolução.

23
OS RELACIONAMENTOS

"Toda relação é expansão."

Toda relação é expansão. Nossa vida é marcada pela dinâmica dos relacionamentos. Sejam eles de ordem afetiva, social, profissional ou amigável, o ser humano se destaca por sua capacidade de se relacionar, de expressar e absorver ideias, desenvolver habilidades, adquirir hábitos e repassar conhecimentos. Relacionar-se é se expandir, porque as diferenças existentes entre todos nós é o que torna a dinâmica das relações tão interessantes, possibilitando-nos o crescimento.

Apesar de termos a tendência de nos aproximar daqueles que têm pensamentos e hábitos semelhantes aos nossos, é justamente por meio das diferenças que as trocas são possíveis. Pode haver pessoas semelhantes entre si, mas jamais iguais. Contudo, as mesmas diferenças que propiciam as trocas também podem se tornar os nossos maiores obstáculos ante as relações. Quando alguém quer impor um padrão, um pensamento, uma ideia ou não tem a flexibilidade necessária para compreender a individualidade, as necessidades e a liberdade do outro, os conflitos se iniciam. Portanto, a tônica que diferencia as relações pacíficas das conflituosas não está nas diferenças pessoais, mas no diálogo estabelecido quando do surgimento delas.

As relações familiares exemplificam muito bem essas dificuldades, nas quais há diversas pessoas dentro de um mesmo espaço de convivência, com pensamentos e afinidades distintas umas das outras, atadas a laços que as unem, sejam eles sanguíneos, seja eles construídos ao longo do tempo. Estar diante de alguém que nem sempre pensa ou age igual a nós, nem sempre concorda conosco ou que nem sempre expressa ternura é um exercício emocional para a nossa capacidade de tolerar, respeitar os limites, compreender a importância da privacidade e também saber ser flexível diante das diferenças alheias.

Mas, independentemente do gênero das relações, ninguém entra na vida do outro por acaso. Cada pessoa que passa por nós traz uma experiência, uma lição, um ponto para o nosso progresso. Algumas surgem por afinidades; outras, por necessidades, mas nenhuma delas em vão. Isso não significa que devamos aceitar relacionamentos abusivos, que nos sugam, nos limitam e tiram a nossa paz. Há relações que necessitam de entendimento, paciência e compreensão, como também há aquelas que nos mostram exatamente tudo que não devemos ser nem aceitar para nós. Por meio delas, exercitamos a nossa capacidade de autoamor, respeito próprio e de saber cortar o que nos faz mal. Porque, se desejamos crescer, física, emocional e espiritualmente, precisamos nos certificar de que nossas relações estejam de fato colaborando com esses objetivos. Respeitar não significa conviver, muito menos aceitar tudo. Os limites são elementos primordiais na construção de relações saudáveis, uma vez que, quanto mais próximas elas forem, maior é a intimidade, bem como a tendência de as pessoas "se esquecerem" do respeito ao espaço do outro. Não importa o quanto amamos alguém, é essencial prestar atenção no que falamos, no quanto podemos estar invadindo a vida do outro, na maneira como nossas atitudes afetam as emoções dele e se estamos respeitando o espaço que lhe pertence, e vice-versa. Quem acredita que deve aceitar tudo por amor, ou que pode fazer tudo ao outro pelo mesmo motivo, ainda não compreendeu o sentido desse sentimento. O amor não autoriza tudo e jamais é expresso por atitudes egoístas ou abusivas.

Isso vale também para nossas relações afetivas, que são as mais emblemáticas. Em geral, esse campo – que promete tantas alegrias – é, ou ao menos em algum momento foi, na vida de muitas pessoas, um dos âmbitos de maior conflito interno, levando muitos, inclusive, a cometer atitudes precipitadas ou drásticas e nocivas, tanto para si quanto para o outro.

Mas por que sofremos tanto no que se refere às nossas relações afetivas? Quando buscamos uma relação, levamos conosco o sonho da grande realização amorosa. É comum acreditarmos que o fato de encontrarmos alguém, o nosso "grande amor", será a solução de todos os nossos problemas, a cura de todas as nossas feridas, o início de uma vida plena e leve. As relações guardam em si uma ferramenta poderosa de expansão de nosso ser, atuando como portais dos mais profundos sentimentos e até das transformações humanas. Não se pode subestimar o poder de uma relação afetiva, mas é necessário trazer à consciência que, por mais amor que apresente, ela também apresenta diferentes dificuldades.

Os desafios de uma relação são da exata medida das questões internas dos envolvidos. Não somos seres perfeitos, tampouco a maneira como expressamos nossos sentimentos. Ao contrário, estamos em construção, ainda aprendendo a lidar não só com nós mesmos como também com o outro. Mesmo que tenhamos em nós os mais sublimes sentimentos, como a capacidade de amar, nossas atitudes ainda são, em muitos momentos, influenciadas por outras emoções e outros pensamentos, principalmente se levarmos em conta que, além do amor, carregamos medos, bloqueios, desejos, sonhos, idealizações e carências. O caminho para o equilíbrio das nossas relações perpassa primeiramente pela construção do nosso equilíbrio interno.

Não há nenhuma receita para a relação perfeita ou um *script* a ser seguido, porque cada pessoa é uma individualidade. Quando dois seres se comprometem a seguir uma mesma estrada, formam um elemento à parte, único, com suas próprias características e seu próprio ritmo. Portanto, o casal descobre, dentro da própria relação, a dinâmica que ajuda o relacionamento a crescer. Por outro lado, se não há uma fórmula exata para o sucesso afetivo, há um elemento básico que ajuda nessa construção. Sem ele, certamente as relações amorosas seriam um campo difícil, porque ele é base para uma relação sadia: o autoconhecimento.

Esse elemento básico, que se ramifica em diversas formas, leva à conquista do equilíbrio interno e abre as portas emocionais para relações mais profundas e sadias. O pilar do autoconhecimento é a conquista do amor-próprio. Só quando nos conhecemos podemos realmente nos amar, o que perpassa pela aceitação de quem somos, pela valorização de nossas capacidades, pela paciência com nossos processos de crescimento e pela reconexão com nossa essência. A construção do amor-próprio é um grande divisor de águas para as relações. Ao desenvolvermos essa conexão afetiva, criamos com nosso próprio ser uma relação de respeito, de cuidado e de comprometimento. É nesse ponto que a solidão não mais nos assusta, porque o foco não é apenas uma relação amorosa, mas, sim, uma que acrescente de verdade e que atenda àquilo que nosso coração realmente busca no momento. O amor-próprio traz a lucidez que nos auxilia a alcançar esse objetivo e a evitar entrar em relações apenas para "estar" em uma, sem saber ao certo o que queremos.

Quando estabelecemos essa relação de amor com nosso próprio ser, conseguimos enxergar com mais clareza os desejos de nossa alma e o ciclo que estamos atravessando e compreender o que devemos ou não aceitar em nossa vida. Quando uma pessoa não se sente amada, acolhida, aceita, admirada, sempre procurará de alguma maneira por alguém que faça isso por ela. Em uma relação, todas as pessoas desejam receber o amor do outro, mas há uma grande diferença entre ser amado e buscar alguém que venha a suprir o amor que nós não nos damos. Ninguém pode assumir esse papel, por isso é essencial compreender que, por mais amorosa que seja a pessoa com quem nos relacionamos, se não desenvolvermos uma relação de amor conosco, o risco de intoxicar a nossa própria relação é grande, mesmo que de modo inconsciente. Autoconhecer-se é o primeiro passo para se amar e ponto fundamental na construção de relações conscientes e profundas.

O autoconhecimento é um processo que nos amadurece diante das relações, no qual as próprias relações são um grande laboratório. As vivências, o contato com os próprios sentimentos, a relação com os sentimentos que recebemos do outro, os acertos e os aprendizados fazem parte desse processo de descobrimento de si mesmo. Mas as experiências, por si só, não trazem o autoconhecimento se não tivermos o empenho de olhar para dentro de nós e buscar essa compreensão para reformularmos nossa vida. Não se autoconhece nem se aprende a se amar de um momento para o outro, o que requer tempo, empenho e vontade. É por meio disso, porém, que nos fortalecemos e abrimos as portas para um novo nível de relações: as despertas.

Não precisamos ter pressa nem julgar nossa caminhada até aqui. Todas as relações foram válidas e, mesmo as que não nos trouxeram amor, nos deixaram lições. O fundamental é separar e entender que experiências de dor não definem nossa jornada afetiva, e que cada lição absorvida é um passo adiante rumo a experiências melhores. Toda jornada amorosa é, na verdade, um portal para o encontro com nós mesmos, um espelho que nos mostra que muito do que buscamos está em nós. Autoconhecer-se não significa que em algum momento não nos desiludiremos com alguém, não garante que encontraremos uma pessoa para a vida toda nem isenta ninguém dos desafios que surgirão em um relacionamento, mas certamente nos cura das dores de relações anteriores, nos sustenta diante de nossos enganos, nos fortalece ante os desafios na caminhada, nos ensina que ninguém pode assumir a responsabilidade de nossa felicidade e, finalmente, nos mostra que só por meio dele podemos encontrar o verdadeiro amor, com ou sem alguém ao nosso lado. A relação mais importante sempre será a que temos conosco, pois é ela que dá o tom de todas as outras.

24
AS SOMBRAS

"Toda sombra nos guia em direção à nossa própria luz."

É muito fácil nos esquecermos de que não somos seres prontos, cobrando-nos uma postura perfeita, querendo atender a um ideal construído, desejando sempre mostrar nossos pontos positivos, sem nos darmos conta de que, na verdade, cada um de nós é um ser em construção. Nesse trabalho de lapidação interna, nós nos construímos e desconstruímos constantemente, sem que haja exatamente um momento em que podemos dizer que estamos prontos. Em uma visão mais apressada e pautada pelo ego, poderíamos dizer que somos imperfeitos. Mas ninguém julga que uma muda é imperfeita por ainda não ter se tornado árvore. Ela está no caminho e é perfeita dentro do que pode ser naquele momento. Assim também acontece conosco.

Estamos crescendo, e é natural que haja em nós pontos a aprimorar. Mas nem sempre eles são compreendidos e bem-aceitos, a quem chamamos de sombras, ou seja, aquelas camadas ocultas que fazem parte do que sentimos, pensamos e fazemos, as quais, porém, muitas vezes negamos até para nós mesmos por não as considerar adequadas.

Nossas sombras podem ser entendidas por muitos como camadas inferiores, pontos negativos ou até mesmo defeitos. Mas, na verdade, são comportamentos que geralmente precisam de algum ajuste e de um redirecionamento, pois fazem parte da nossa condição humana. Apesar de desejarmos mostrar o nosso melhor na sociedade, cada pessoa guarda em si luz e sombras próprias. Podemos até tentar negá-las, mas ninguém pode fugir de si mesmo e de tudo que carrega dentro de si.

Todas as nossas sombras revelam em nós aspectos que precisam ser transmutados. Não é agradável olharmos para dentro de nós e encontrarmos ali sentimentos como raiva, agressividade, inveja, ciúme, egoísmo, preguiça, vergonha, dores e frustrações advindas do nosso passado. Nenhum deles, porém, nos torna pessoas más ou inferiores. Apenas revelam parte de nossa humanidade que consideramos "feia". São geralmente pontos reprimidos, pois, dada a educação que recebemos, aprendemos que não são aspectos louváveis a se mostrar. É bem verdade que temos consciência de muitos desses fenômenos, além de que há pessoas que não reprimem tais sentimentos, o que não significa que elas consigam transformá-los. Tomar consciência das nossas sombras não é simplesmente exteriorizá-las, mas, em primeiro lugar, entendê-las, pois cada uma delas será para nós como um mestre a revelar o que precisa ser transformado por dentro e por fora. Por isso são chamadas de sombras: não por serem camadas escuras, mas o resultado de algo que verdadeiramente está bloqueando a passagem da nossa luz.

O trabalho de entendimento e de integração das nossas sombras exige coragem para olharmos para essas partes. Enquanto as negarmos ou fugirmos delas, estaremos reprimindo-as. E isso de nada adianta, porque elas se projetarão de alguma maneira em nossa vida, de um modo não muito saudável, até que sejamos obrigados a olhar para elas para, finalmente, modificá-las.

Enxergar as próprias sombras não é uma tarefa simples, justamente porque parte de nós resiste à ideia de ver esses aspectos. Por isso, para enxergarmos aquelas ocultas dentro de nós, temos que, às vezes, primeiro olhar para fora, buscando encontrar onde elas se refletem. Nesse exercício, o outro pode acabar sendo um grande espelho, já que é comum projetarmos em outrem aspectos que não admitimos em nós mesmos. Um exemplo disso é o hábito de julgar. Quem muito julga acaba se confessando, pois está tentando transferir a outras pessoas os comportamentos que não gostaria de ter, os quais não quer admitir em si mesmo. Mesmo que parte desses julgamentos não reflita uma sombra específica em nós, essa atitude acaba sendo uma forma de aliviar e justificar as nossas próprias sombras de modo geral. É como se, por meio desse julgamento, estivéssemos de modo oculto dizendo: "Eu posso até ter determinada sombra em mim, mas a daquele outro é pior do que a minha". Todo julgamento é um veículo de escape de si mesmo, uma forma de nos sentirmos superiores diante das críticas internas e veladas a nosso respeito, as quais revelam nosso sentimento de inferioridade. É como se fôssemos errados, pequenos e, ao julgar o outro, pudéssemos nos elevar.

É nesse contexto que entra a humildade, um mecanismo poderoso de transformação de nossas sombras. Ela em nada tem a ver com a ideia de se considerar menor que os demais. A verdadeira humildade nada mais é do que o reconhecimento sincero da nossa natureza. É ver à nossa medida, sem se considerar superior ou inferior a alguém, sabendo que todos estão em seu próprio ritmo. Quando conseguimos exercitar essa verdadeira humildade, paramos com os julgamentos ferozes para o outro e nós mesmos. Então abrimos uma porta que nos permite enxergar o que precisa ser trabalhado em nós. Não nos condenamos por isso. Entendemos que essas camadas são parte do processo e ficamos felizes por estarmos buscando progredir.

Outra maneira de identificarmos nossas sombras é pela análise de nossas atitudes. Ao percebermos posturas que podem estar sendo prejudiciais, temos ali a oportunidade de ver como nossas sombras estão atuando e que fato está colaborando para o surgimento delas. O que os sentimentos de raiva, ciúme e egoísmo podem estar nos dizendo?

Todo sentimento é uma grande mensagem, que, ao contrário do que pensamos, diz mais sobre as reformulações internas necessárias do que propriamente sobre as situações externas. As chamadas emoções negativas, também conhecidas como sombras, são portais para o nosso autoconhecimento, em que podemos analisar aspectos mais profundos da nossa consciência. São reflexos das camadas que necessitam ser fortalecidas para o nosso bem-estar e equilíbrio.

Quando uma sombra irromper, seja por meio de um sentimento, seja por meio de uma atitude nociva, como reação ao que sentimos, temos ali uma oportunidade de análise e também de transformação. Para que isso ocorra, é necessário um elemento importantíssimo: a compaixão. Esse sentimento é o entendimento das nossas vulnerabilidades. Ele contempla em si a paciência, a amorosidade e a vontade de melhorar. É muito comum que, ao enxergarmos e admitirmos nossas sombras, experimentemos sentimentos como vergonha, culpa, tristeza e repressão, que nada mais são do que outras sombras que se revelam. E está tudo bem, porque elas também fazem parte desse processo. Após isso, porém, necessitamos exercitar a compaixão por nós mesmos, pois ela será uma grande purificadora. Ela poderá nos fazer humildemente perceber que estamos crescendo, passando a enxergar isso sem julgamentos ou recriminações, estando, desse modo, abertos para identificar qual a gênese de determinada sombra em nós e qual sua carência. Toda sombra carece de luz, ou seja, de esclarecimento. Quando entendemos qual é a carência, podemos acolher nossa sombra e, enfim, transformá-la em luz. Por exemplo, a raiva pode estar nos apontando para insatisfações em nossa vida; o medo, para a falta de confiança em nós; ao passo que a inveja pode estar nos falando sobre a necessidade de darmos mais valor às nossas conquistas e de termos mais empenho em direção aos nossos sonhos. Toda sombra nos guia em direção à nossa própria luz. Não há nada de vergonhoso nelas, tampouco precisamos temê-las. Tudo que precisamos é ter a coragem e a humildade para poder acolhê-las como partes do nosso processo e como pontes para o nosso progresso evolutivo. É isso que nos leva em direção à nossa luz.

25
A LUZ

"Nossa luz é a nossa camada mais profunda, a mais pura e mais próxima daquilo que somos. É a essência da alma."

Todos nós possuímos luz. Nosso trabalho consiste em afastar as sombras da nossa consciência que nos impedem de vê-la e de fazê-la brilhar.

Nossa luz é a nossa camada mais profunda, a mais pura e mais próxima daquilo que somos. É a essência da alma. Falar de luz é usar de uma figura para representar o nosso "eu real", a parte em nós que vai além da matéria, das aparências e de tudo aquilo que é transitório. É a nossa parte divina ou, como podemos chamar, a nossa essência. Nenhuma pessoa é desprovida de luz, por mais enganos que tenha cometido ou defeitos que considere ter. Talvez ainda esteja absorvida por suas próprias sombras e perdida em ilusões. Mas, assim como jogar um diamante na lama não retira o seu valor, nossos tropeços e enganos momentâneos não definem o que realmente somos. Todos, de uma maneira ou de outra, fazemos parte desse imenso caminho de despertar. Ninguém se torna uma pessoa iluminada, apenas descobre a luz que já habitava em si.

Uma pessoa não desperta essa luz em si porque medita, porque ora todos os dias, porque frequenta um espaço religioso ou porque é boa para com os outros. Apesar de todos esses elementos poderem fazer parte da caminhada, iluminar-se é um processo de trabalho e de desenvolvimento de nossa consciência. Não existem regras predefinidas nem caminhos prontos. Cada ser é único e individual, e por isso sua estrada é única e própria para si. Nossas jornadas podem ser até parecidas, mas nunca iguais. Temos as mesmas condições, desejamos os mesmos fins, nossas vivências têm os mesmos propósitos, mas cada ser experimentará de maneira única seu próprio despertar.

Talvez a maioria das pessoas não perceba que está em um processo de encontro com sua luz e provavelmente também não deseje isso. Porque, quando falamos de luz, quem lhes vêm à mente são Jesus, Buda, Krishna, figuras iluminadas que consideram muito distantes daquilo que elas podem ser. Por isso, pensam que não estão nesse caminho, pois não podem se comparar a esses seres. Essa comparação realmente é impossível e absurda, não só porque são exemplos de seres que representam a personificação da iluminação para muitas pessoas, mas também porque nenhum caminho é igual para todos, então não há como haver comparações. No entanto, isso não faz com que não estejamos no caminho. Por mais que nos consideremos seres imperfeitos, talvez até maldosos em alguma medida, estamos apenas enxergando as sombras em nós que um dia também serão transmutadas.

Nosso empenho em clarear nossas sombras é a busca pela iluminação e pelo despertar da nossa consciência, por mais que não tenhamos o desejo de ser um grande guia espiritual ou exemplo para os demais. Esse caminho não se refere a isso, tampouco a uma busca por perfeição, nos termos mais superficiais. É uma busca por si mesmo, é acima de tudo a nossa missão pessoal, que faz parte do nosso desenvolvimento e da busca pelo nosso equilíbrio. O que nos causa o sofrimento (que nada mais é do que um estímulo ao nosso progresso) é justamente o fato de estarmos envolvidos por nossas sombras e ilusões. São as grandes doenças da alma das quais buscamos nos curar e onde toda a vida em si é um processo de cura. Melhorar nossa qualidade de vida, nossas relações afetivas, sociais e de trabalho, desenvolver nossas habilidades, superar nossos limites são desejos de todos e estão diretamente ligados ao despertar da nossa luz.

Nesse processo, nosso grande instrumento é a nossa consciência, nossa percepção das coisas, pois é ela que nos dá o discernimento. A luz é a grande personificação disso, visto que é o que nos permite criar o contraste para ver. Quanto mais enxergamos um elemento com clareza, mais podemos compreender algo. Por sua vez, quanto maior a compreensão, melhores são as ações que podemos tomar frente à vida.

Em um mundo cercado por valores superficiais, pautado por aparências e conceitos rasos, a nossa visão das coisas, da vida e de nós mesmos tende a ser muito frívola, longe do que realmente é, ou seja, cheia de ilusões que nos ferem e nos trazem dor. Diante disso, pensamos, sentimos e agimos sem termos a real consciência de quem somos e de tudo que nos cerca. É daí que geralmente surgem os enganos e os tropeços em nossa caminhada. Não há como nos aprofundarmos em algo quando não sentimos e não paramos para mergulhar nisso de verdade. É necessário trazer para junto de si o estado de presença, que nos permite ir além dos pensamentos tumultuados de nossa mente e dos reflexos impulsivos de nossas emoções.

Nossa vida é um grande cenário em que nós somos os atores e o público ao mesmo tempo. Nossa mente geralmente se identifica com o enredo da história, e a nossa consciência é o público que a observa. Quando fazemos o movimento interno de olhar nossa vida pelos olhos da plateia, sem nos identificarmos pessoalmente com o que é contado dali, podemos entrar em um estado de percepção mais profundo de nossas próprias vivências.

Tal estado de percepção nos permite entender que não somos nossos pensamentos. Somos a consciência que está por detrás de todos os eventos, cenários e construções passageiras da mente. Só acreditamos ser o que pensamos quando nos identificamos e somos absorvidos pelos pensamentos que passam por nossa mente. Se não trazemos a consciência sobre eles, temos nosso raciocínio nublado e totalmente induzido por nossas emoções. Contudo, ao trazermos a consciência sobre nossas atividades mentais, podemos entender a situação que nos rodeia com mais profundidade e clareza. Isso é desenvolver a verdadeira lucidez, principalmente se compreendemos que cada situação que vivenciamos tem muito a nos ensinar sobre nós mesmos. Todas as nossas vivências nos auxiliam no descobrimento dessa luz em nós, exatamente porque elas são os grandes exercícios para a nossa consciência, podendo, então, fazer o grande mergulho, que nos permite diferenciar entre o que é e o que não é, a verdade da ilusão, o que aprendemos e o que ainda precisamos estimular dentro de nós. Não há como despertar essa luz se continuarmos a nos eximir de viver, porque isso não mais é do que uma fuga absurda que, na verdade, apenas nos leva mais fundo em nossas ilusões, que são sempre grandes setas a nos apontarem o caminho de volta para dentro. Mas, se nos dedicamos nesse caminho em busca de ampliar nossa consciência, garimpamos o nosso interior e trazemos luz a todas as zonas escuras que ali havia. Todo esse processo leva ao nosso próprio fortalecimento, ao nosso equilíbrio e a uma satisfação genuína com quem somos e a vida como ela é.

Uma pessoa que desperta a luz em si tem um carisma genuíno e ganha um brilho próprio, que transparece, toca e envolve a todos que entram em contato com esses seres que encontraram a própria luz. Eles abraçam com o olhar, curam com as palavras, nos mostram a visão de um novo mundo, nos encantam, nos fazem enxergar as amplas possibilidades da vida e nos entusiasmam com a nossa própria possibilidade de crescimento. São seres fortes, não porque sejam rígidos ou firmes, mas porque possuem uma força inabalável, mesmo diante das dificuldades. São sensíveis, poéticos e românticos, não no sentido infantil, e sim pela profundidade com que veem a vida e captam todas as suas nuances. São seres independentes, que sabem ser sozinhos, porém que sempre estão envolvidos de alguma maneira com a comunidade, pois seu dom natural é ajudar; sujeitos que deixam brilhar a sua luz estão sempre à disposição para ajudar a iluminar os outros e lhes lembrar de seu próprio brilho. São humildes, sabem que seu maior presente é serem eles mesmos, então não colocam o seu valor nas ilusões do mundo. São sempre notados de alguma maneira, preenchem os espaços, mesmo que não queiram, não como centro das atenções, mas como presença diferenciada entre elas.

Não há quem não entre em contato com alguém assim e não seja marcado para a vida toda ou sinta uma intensa vontade de ser melhor. Porque o poder do bem e da luz contagia, refresca todas as almas ainda sofridas que dela necessitam. Mas, acima de tudo, uma pessoa que aprende a despertar essa luz ama! Ama a si mesma, ao outro e ao mundo de uma maneira intensa e verdadeira, porque está aprendendo a entrar em contato com a essência das coisas, e quem consegue fazer isso sabe que, no íntimo, tudo é amor, pois essa é a vibração suprema. A luz está em nós e em tudo. É uma questão de tempo para despertá-la. A pressa não é necessária, mas o trabalho é importante. Saber que existe essa luz em nós é reconhecer a própria força e fazer renascer a certeza da felicidade.

Por isso deixe de lado todos os seus julgamentos, as suas cobranças e essa imagem de imperfeição. Esqueça um pouco essa camada externa e volte-se para dentro, para a sua profundidade e para a sua essência. Feche os olhos e visualize um ponto de luz brilhante no seu peito. Visualize essa luz aumentando o brilho e envolvendo-o, formando um escudo de proteção em torno de si. Sinta essa luz aquecê-lo, protegê-lo, fortalecê-lo, curá-lo, trazendo-lhe paz e serenidade. Sinta que você é essa luz, alguém puro e merecedor da felicidade. Você é reflexo do Criador, e sua luz reflete o amor Dele por você. Sinta-se amado(a) e lembre-se sempre de que sua luz jamais se apaga!

26
A VIDA

"A vida é o grande laboratório da existência, é o espaço sagrado que permite à nossa alma experimentar, sentir, tentar, entender, crescer, amar e se expandir."

A vida é o grande laboratório da existência, é o espaço sagrado que permite à nossa alma experimentar, sentir, tentar, entender, crescer, amar e se expandir. Podemos chamar de vida os caminhos que nossa consciência cruza no processo do seu despertar.

Uma vez que a consciência começa sua jornada, não há como parar. Estamos todos mergulhados nessa oportunidade de expansão. A vida é, em si, um grande organismo dinâmico em que todos estamos interligados, participando ativamente. Ao enxergarmos de maneira superficial, cremos que estamos separados dos demais elementos, que o nosso interior é uma coisa e que todos os elementos externos fazem parte de algo distinto. Apesar de cada coisa ser um elemento singular, com suas próprias particularidades, todos de alguma forma se relacionam uns com os outros. Nosso ego nos passa essa impressão de separação, entre nós e o mundo, quando na verdade o "nós" e o "mundo", o interno e o externo, são duas polaridades desse mesmo elemento que é a vida. É o externo que possibilita o desenvolvimento da nossa consciência, tal qual a nossa consciência permite existir a percepção do externo e sua alteração. É a grande dinâmica da existência, dentro dos mais diferentes níveis.

Em uma maneira mais simples de entender, a vida é o palco onde representamos nossa história, cuja grande busca é o nosso crescimento. Porque o que permite à nossa consciência o seu progresso, esse movimento de despertar ou de iluminação, é o próprio contato com as experiências. Por meio delas, estimulam-se o sentir, o pensar, o entender e o se aprimorar. Nossa vivência neste plano se sintetiza em uma série de estímulos diferentes ao nosso entendimento e à nossa sensibilidade, de acordo com a nossa compreensão, as nossas necessidades, os nossos propósitos e a nossa própria maneira de respondermos a eles. Se analisarmos em profundidade cada uma das experiências pelas quais passamos, desde as mais difíceis até as mais prazerosas, poderemos perceber ali os toques da vida trabalhando com a nossa consciência a cada momento.

É por isso que viver é uma jornada de autodescobrimento. Caminhamos e agimos fora, e acabamos na verdade nos transformando por dentro a cada experiência vivida. Não há como fugir desse processo. Quanto mais tentamos remar contra ele, mesmo negá-lo, ou colocar um fim a isso, mais nos embrenhamos com experiências intensas que serão estímulos para a nossa percepção. Muitas delas dolorosas e difíceis. Ninguém pode trabalhar contra a vida, mas a forma como conduzimos o processo do autodescobrimento dirá muito sobre a nossa felicidade. A nossa aceitação ou a nossa resistência frente aos eventos de nossa própria vida traçará a qualidade daquilo que sentimos.

Por que vivemos o que vivemos? Por que outras pessoas vivem experiências diferentes das nossas? São perguntas comuns que nos fazemos. A comparação é uma grande vilã quando se trata da nossa paz, porque nos traz a sensação de erro ou de insuficiência, como se o que o outro vivesse fosse melhor ou pior do que aquilo que experienciamos. É claro que determinadas experiências são mais bonitas, mais agradáveis, mais desejadas, mas, do ponto de vista da alma, isso não significa que sejam melhores. Pois o que se esconde dentro de cada experiência é um objetivo que só nossa alma conhece. Nem tudo que é agradável é bom, como nem tudo que é desagradável é ruim. Nem todos absorvem o que podem daquilo que vivem, assim como nem todos sabem lidar bem com aquilo que vivenciam. É preciso ter cautela antes de buscar classificar o que é melhor e o que não é, porque, na jornada evolutiva de nossa alma, muitos são os fatores ainda desconhecidos de nossa mente. É natural desejar aquilo que nos parece bom, trabalhar para sair de situações desagradáveis e buscar alinhar nossas vivências com aquilo que sonhamos, pois aceitação não significa conformismo.

Devemos trabalhar pelas transformações que desejamos, mas é importante compreender que certas situações, que de alguma maneira não dependeram diretamente de nós (ao menos até onde nossa consciência pode ver), são de certo modo *importantes* para nós, e às vezes até resultados de nossas escolhas ou de alguns processos. O significado exato de um determinado evento é algo individual, portanto buscar respostas gerais pode ser inútil. Entretanto, a compreensão de que as experiências pelas quais passamos guardam algo importante para nós nos ajuda a absorver com mais serenidade os episódios que se sucedem conosco, até que possamos ter a compreensão das razões para o que aconteceu. Nem sempre entenderemos tudo, contudo sempre poderemos buscar a melhor maneira de lidar com aquilo que vivemos.

Acima de tudo isso, é importante lembrar que viver neste plano é uma dádiva da alma, uma oportunidade de exercitar as nossas capacidades e de encontrar o nosso equilíbrio. Apesar de encontrar situações desafiadoras, o processo de estimulação da alma não é apenas pela dor. Inúmeras são as experiências que despertam os mais elevados e profundos sentimentos, principalmente se estivermos abertos e atentos a isso. A nossa capacidade de perceber a vida, de enxergá-la de uma maneira profunda e de filtrar com discernimento naquilo que estamos colocando a nossa atenção diz muito sobre a nossa felicidade em relação à vida.

Muitos se perguntam qual é o sentido dela. Buscamos por metas, motivações, resultados, como se tudo tivesse que chegar a um determinado lugar e nos dar algum tipo de retorno, que, se não for valioso, não vale nem a pena buscar. Mas a vida carrega um significado em si mesma. Não se vive apenas para se desenvolver. É uma consequência inevitável do processo da vida, porém não está ali o seu valor, mas se encerra nela mesma, na capacidade de fazer, existir, sentir, vivenciar a plenitude e o êxtase que isso proporciona. Se buscarmos apenas motivos racionais que nos deem respostas consideradas como as mais sensatas, logo o viver perde todo o seu sentido. É preciso ir além do ato de tentar entender a vida, é preciso sentir a vida. Isso é muito mais do que mergulhar em uma série de atitudes e experiências inconsequentes para dizer que isso, sim, é "aproveitar" a vida. Porque aproveitar a vida de verdade é estar presente e consciente em cada segundo. É entender a unicidade de cada momento e do quanto isso é especial. É buscar sentir essas vivências em sua plenitude e procurar alinhar a nossa vida com aquilo que ressona em nossos corações.

Uma verdadeira vida com sentido não é a em que se encontra uma resposta, mas sim a que é mais sentida em sua profundidade. Buscar valorizar a beleza, o encanto, o amor, a delicadeza e a magia de cada experiência nos faz perceber que isso basta, que nunca se tratou de aonde ir ou aonde chegar, mas sim de *ser* e de *estar*. É nesse momento que se esvaem a pressa, a ansiedade, o temor do amanhã, o desespero por encaixar a vida em determinados padrões, dando lugar a uma doce alegria que parece de certo modo ingênua, porque traz o encanto infantil, mas também a sabedoria, porque carrega a compreensão adquirida após diversas experiências de que estar mergulhado no agora, permitindo-se invadir pelas experiências, é a chave de tudo. É um processo de se apaixonar pela existência, infinitamente, em cada nova oportunidade. Quem aprende a fazer isso encontrou a paz. Manter esse estado não é fácil, mas, quando atingido, nos dá a certeza de que estamos em paz com a vida e que chegará o dia em que esse será o nosso estado imutável, em plena conexão com o existir.

27
A CURA

"Toda cura é um processo de busca pela harmonia em todas as camadas da nossa alma."

Toda cura é um processo de busca pela harmonia em todas as camadas da nossa alma. Seres de múltiplas dimensões que somos, alcançar esse processo de cura é estar em equilíbrio com nossas camadas física, psíquica, emocional e espiritual. Inevitavelmente, sempre que uma dessas áreas estiver em desequilíbrio, de alguma maneira as demais serão afetadas e influenciadas. Por isso só podemos alcançar o nosso bem-estar se passarmos a nos ver de modo integral, englobando todos os níveis que compõem nossa vida.

Muitas vezes, pautados unicamente por padrões sociais, entendemos que sucesso é sinônimo de realização material, como um bom emprego, um casamento bem-sucedido, dinheiro, posses, *status* social, assim como corpos impecáveis dentro dos ideais da sociedade. Fazemos desses itens nossas grandes metas e não percebemos que, em meio a essa busca, estamos deixando todas as nossas demais camadas de lado, sem a devida atenção. Desconectamo-nos da vida, levamos nossa mente à exaustão, estamos sempre sobrecarregados e estressados emocionalmente. E qual acaba sendo o preço a pagar pela busca dessas metas? A instabilidade, a ansiedade, a depressão, a angústia ou simplesmente uma vida presa a ilusões que um dia se desfazem e nos deixam no vazio. Sem notarmos, aquilo que achávamos que era bom se torna nossa prisão e sequer nos perguntamos o porquê de estarmos fazendo isso.

Conquistar todas essas metas pode ser algo muito bom, isso quando não nos esquecermos de que devemos cuidar de nós por inteiro e que algo só pode ter significado se contribuir verdadeiramente para a nossa felicidade e o nosso equilíbrio. Do contrário, acabamos doentes, da alma e até do corpo, sem ao menos perceber. É por isso que o conceito que fazemos de sucesso deveria ser redefinido. Sucesso hoje é ter bem-estar, saúde mental, é viver com alma, é saber tanto fluir com os momentos felizes quanto lidar bem com as adversidades da vida. Sucesso é saber que uma boa vida não é necessariamente atingir um determinado número de metas (muitas das quais nem sequer fazem sentido para nós), mas sim estar bem consigo mesmo e em paz com o próprio coração.

Essa redefinição de como enxergamos a vida e o que fazemos é parte do processo de cura, pois toda ilusão é uma doença da alma. Enquanto não enxergarmos isso, acabaremos sempre atrelados a situações difíceis, que aparecem para nós, não como castigo, mas como remédio.

Situações difíceis que vão contra o que para nós seria uma vida ideal geralmente são vistas como o mal. Entretanto, não é raro que nossos maiores desafios sejam os maiores processos de cura pelos quais passamos – uma cura para nossa alma. As crises internas são um grande exemplo disso. Toda crise é um grande portal para as transformações mais profundas em nosso ser. Embora difíceis e até indesejáveis, é por meio delas que acabamos sendo empurrados à reformulação das nossas crenças, à ressignificação dos nossos valores, à limpeza das nossas emoções. É no momento da crise que saímos um pouco da grande hipnose coletiva. Quando isso acontece, nada parece ter mais o mesmo sentido. Então começam a surgir questionamentos sobre quem somos, o que estamos fazendo e aonde estamos indo.

Crises assim podem ser desencadeadas após episódios de grande desgaste emocional, como a perda física de alguém, o término de uma relação, uma demissão, algo que nos coloque diante de uma nova rotina ou uma realidade imprevisível. São eventos que nos levam, de maneira inconsciente, a uma necessidade de reavaliação da nossa vida. A princípio, isso é um grande choque, porque nos vemos sem nossas bases ou percebemos que as que tínhamos até então já não têm mais significado ou não são mais suficientes para nós. Nesse momento, as respostas não chegam de imediato. Não construímos novas bases da noite para o dia. Leva tempo até mesmo para primeiramente assimilarmos e compreendermos o que está acontecendo conosco. Só após esse momento é que se inicia o processo de aceitação. Enquanto lutamos contra o que está acontecendo conosco, apenas persistimos na dor. É natural que alguém que esteja no meio de uma crise assim pense que sua vida regrediu, que está no fundo do poço, que todos os seus esforços até então foram em vão, quando, na verdade, essa crise é o começo de uma nova vida. Ela está abrindo as portas para uma nova concepção da existência. Toda escuridão nada mais é do que a vida estimulando o despertar de nossa própria luz. É um processo tão intenso quanto a transformação que traz, tão necessária e importante, pois ela é a nossa cura.

Mas por que a cura advém de um processo tão intenso e difícil? Porque às vezes as raízes de nossas ilusões são profundas. Nossos despertadores são sempre acertados à medida da intensidade do nosso sono. Quanto mais profundo, mais intenso é o despertar. Não podemos apenas acreditar que a cura é um evento simples. É bela quanto aos seus resultados, mas pode ser devastadora no que se refere à sua manifestação – como uma intensa tempestade que vai limpando e levando consigo tudo aquilo que não tiver uma base sólida. Assim são as crises. A função delas é purificar e desfazer todas as estruturas nocivas a nós que não têm base na realidade, nem utilidade para o nosso progresso. Da mesma maneira que a chuva precisa das condições climáticas certas para se manifestar, a crise também vem no seu momento devido, quando estamos prontos para vivenciá-la. Chegando ela, vai durar até que toda a limpeza seja feita.

Por isso a cura provavelmente doerá. Como a maioria dos remédios, não será agradável. Porque mudar às vezes dói e também assusta. É o instante que temos que olhar para as verdadeiras feridas e perceber que muitas coisas que fazíamos apenas anestesiavam a dor, mas não nos curavam de verdade. É nessa hora que não podemos mais negar a realidade em que estamos nem fugirmos de nós mesmos porque a cura chegou.

São muitos os recursos de que a vida se valerá para esse processo de cura. Apesar de difícil e de ser uma experiência individual, ela não é uma experiência solitária. Pessoas e situações são colocadas em nosso caminho como veículos de auxílio e suporte. Mas elas não realizam esse processo por nós. As ações de abertura, disposição, entrega, análise, estudo e busca são os mecanismos que temos à nossa disposição para realizar essa transição e chegar a essa cura tanto interna quanto externa.

Ninguém sai o mesmo após uma crise. Ali é despertada uma nova versão de si mesmo, como uma semente que foi plantada e chamada a crescer, alguém que precisou quebrar a casca para vislumbrar a verdadeira luz. Depois dela, redefinimos nossa rota, nossas crenças, nossas atitudes, redescobrimos talentos, nos afastamos de algumas pessoas e lugares e nos abrimos para uma nova experiência, porque uma nova pessoa automaticamente cria uma nova realidade. Ou seja, após a cura, afastamo-nos de tudo que nos fazia adoecer.

Embora seja possível, o caminho da cura não precisa ser necessariamente inconsciente. Pelo contrário, se adquirirmos o hábito de avaliar nossa vida, entrando em contato com nossas emoções, analisando o que estamos sentindo, questionando nossos hábitos e procurando sentir e interpretar as nossas necessidades, passaremos a identificar quais partes em nós precisam ser curadas e iniciaremos o caminho em busca da cura. Qualquer pessoa pode fazer isso a qualquer instante. Por esse caminho, nós mesmos percebemos quais hábitos devem ser substituídos, de quais coisas precisamos nos afastar e quais crenças e atitudes precisam ser em nós trabalhadas. A cura buscada de maneira consciente não nos isenta do remédio, mas não resistir em tomá-lo torna esse processo mais leve.

Que ninguém se engane: a própria vida é nosso caminho de cura. Obviamente ela está ligada aos processos vivenciados e à nossa jornada de despertar. Todos nós temos aspectos que precisam dessa limpeza. Alguns mais rasos; outros mais profundos. Cada pessoa está passando pelas curas de que necessita, do modo que seu sistema individual melhor pode absorver no momento. Talvez a situação difícil pela qual estejamos passando seja o processo de cura de que estamos precisando e que um dia ainda agradeceremos.

28
A MAGIA

"Só os olhares treinados de pessoas sensíveis que vivem guiados pela alma podem ter a sensibilidade suficiente para reconhecer a magia que existe na vida."

O olhar da alma é um olhar mágico. Não há nada que explique melhor essa maneira de ver a vida e de agir perante ela. Magia não se trata de grandes fórmulas, palavras ou rituais. Engana-se quem pensa que a magia existe apenas em lendas e histórias de fantasia, ou que ela se refere a algo místico e sobrenatural. Ela é algo tão real e intrínseca em nossa vida que passa despercebida. Para muitos, ela se tornou algo tão cotidiano e comum a ponto de não a reconhecerem mesmo estando diante dela. Só os olhares treinados de pessoas sensíveis que vivem guiados pela alma podem ter a sensibilidade suficiente para reconhecer a magia que existe na vida.

    É ela que está por trás de todos os processos pelos quais passamos, dos nossos encontros, das nossas transformações, dos nossos instrumentos para o trabalho e do nosso progresso. O processo da vida, quando visto atentamente e em profundidade, revela a magia que nele há, porque não atende às vias da razão, não segue roteiros, não se prende a convenções ou apenas à materialidade. Ao contrário, esconde dentro de si significados profundos, atua por métodos sincrônicos, une quem necessita se aproximar e traz o que cada pessoa precisa, fazendo, assim, as transformações acontecerem. A magia é a transformação que a vida cria por meio de seus métodos invisíveis aos olhos materiais, mas perfeitamente claros aos olhos do coração. Só quem tem olhos abertos reconhece isso. São pessoas que costumam se encantar pela natureza, pelos animais, pelas pessoas e pela simplicidade da vida em geral. Reconhecem a magia no nascer e no pôr do sol, no brilho das estrelas, no charme e encanto da lua, na delicadeza e inteligência dos pequenos seres.

A natureza é um dos meios mais poderosos para sentirmos a magia da vida, porque é por meio dela que podemos ver com clareza a força que move a existência e que rege a tudo de uma forma harmônica e interligada. O poder da energia do ar, de limpeza da água, de transformação do fogo e de solidez da terra nos relembra dessas mesmas forças em nós. Estar em contato com a natureza nos renova e nos fortalece, nos lembra de quem somos enquanto pessoas e espíritos. A natureza foi o primeiro templo dos homens e continua sendo o maior meio de contato com o divino. Quem a contempla e, por meio desse encanto, mergulha em sua essência faz desse ato uma oração.

Mesmo que seja uma das formas de contato mais perceptíveis e intensas com a magia da vida, a natureza está em tudo que circunda a existência. Desde a força do tempo que move as mudanças até a ação dos homens que transformam o mundo. Tudo revela traços da magia em manifestação. Em cada encontro, em cada ação, em cada situação que nos ocorre, está acontecendo um processo mágico e transformador. Nossa alma está sendo por ela trabalhada e expandida, fenômeno esse lindo para quem consegue percebê-lo.

No entanto, não é possível compreender essa beleza quando nossos olhos estão ofuscados pela morbidez da rotina, ou seja, quando nossa mente está sempre voltada para afazeres, compromissos, deveres e completamente hipnotizada por desempenhos e buscas que tiram da vida seu real significado. Quando absorvidos por essa maneira de viver, são poucos os momentos em que paramos para contemplar a existência, que é muito mais do que parar para pensar. É claro que todos nós devemos ter nossos momentos de análise e reflexão interna, o que nos oportuniza ressignificar muitas coisas e decidir as melhores atitudes a serem tomadas. Mas contemplar a existência é algo além do raciocínio. É um momento de mergulho com o *Todo*. Nesse instante, não buscamos raciocinar ou entender a vida, simplesmente permitimos que nossa alma toque a existência e que ela, em contrapartida, nos invada e nos preencha. Nesses momentos, sentimos uma alegria e uma gratidão profunda. É um estado de êxtase e encantamento. Muitos conseguem fazer isso pela meditação, enquanto outros têm acesso a esse estado simplesmente quando param um tempo para respirar profundamente e apenas admirar a vida. Essa atitude é uma meditação natural e inconsciente, em seu estado puro, que nos permite atingir, mesmo que de maneira breve, parte da totalidade.

Esse olhar mágico não precisa nem deve vir apenas de nossos momentos de contemplação, mas estar presente em nossas ações diárias, em nossa vida como um todo: é o olhar de encantamento permeando as nossas ações. Quando o introduzimos em nossa vivência, passamos a viver com essa magia, sentindo-a e percebendo que também somos parte dela. Isso não significa que esse sentimento nos acompanhará durante as vinte e quatro horas do nosso dia, mas mostra que é possível acessá-lo com frequência e, por meio dele, mudar a maneira como vivemos. É essa atitude que nos faz perceber que a vida é sagrada e encantadora e que, apesar dos inúmeros desafios, existe uma beleza infinita e milagres diários acontecendo a cada instante, eventos esses que não fogem às leis naturais; mas, ao contrário, são as próprias em funcionamento. Podemos chamá-los de milagres por sua magnitude, assim como pelo encantamento que nos causam.

Ver a vida dessa maneira pode ser considerado algo ingênuo, quando, na verdade, é a forma de enxergá-la em seu estado mais puro. É tirar do nosso olhar as vendas que nos foram colocadas pela sociedade e que transformaram a nossa existência em algo inexpressivo e sem sentido, em que mal conseguimos decidir para onde ir.

Mesmo quem ainda não aprendeu, ou está aprendendo, a enxergar a vida como um acontecimento mágico, é influenciado por essa força, porque a magia da vida não depende que a notemos para trabalhar esse aspecto em nós. Ela apenas cumpre sua função, envolvendo todos os seres e os transformando a cada segundo. Somos todos, sem exceção, por ela envolvidos, mas quem a nota consegue operar uma alquimia interna, fazendo surgir o melhor de seu próprio ser, despertando em si o estado de gratidão.

29
A GRATIDÃO

"A gratidão é o verdadeiro olhar da alma, que reconhece em tudo algo que está colaborando com o seu crescimento."

Quando falamos de desenvolvimento pessoal, é muito comum ouvirmos sobre o poder da gratidão. São muitas as pessoas que tentam praticar dia após dia o hábito de serem gratas. Desde crianças, somos ensinados em nossas orações (independentemente da corrente religiosa pela qual fomos educados) a não só pedir pelo que queremos, mas também a agradecer pelo que nos foi concedido. A gratidão faz parte da nossa vida, não só como uma prática espiritual, mas como um gesto de educação e reconhecimento. Mesmo assim, ela é muitas vezes abordada apenas como uma atitude formal ou então é uma palavra usada de forma ocasional e sem um real entendimento do que realmente representa. A gratidão tem poder quando assimilada como algo muito maior que uma palavra. Ela não deve só ser expressa, mas sentida!

Enquanto sentimento, a gratidão é o ato de reconhecimento do quão importante é o papel de algo para nós. É a manifestação da alegria e da percepção de que, apesar de sermos seres individuais, estamos todos interligados e que tudo colabora para o nosso crescimento. Na vida ninguém é dependente, todos somos colaboradores. O dar e o receber é o grande fluxo da vida, que movimenta a evolução de todos os seres e nos mostra que fazemos parte desse grande sistema que compõe toda a existência.

Ao fazermos parte desse sistema, podemos notar que, ao mesmo tempo que somos doadores de nossos potenciais, a vida nos propicia recursos – em forma de objetos, lições, situações ou pessoas – para nossa atuação no mundo rumo à evolução, contribuindo conosco a cada momento. A percepção disso é o primeiro passo em direção à verdadeira gratidão, pois compreendemos que não estamos sozinhos ou desamparados e que recebemos muito mais do que costumamos notar. Não tomamos posse de nada além daquilo que somos, mas usufruímos daquilo que a vida nos dispõe em função do nosso progresso. É assim que o mundo se abre diante de nós como uma grande dádiva. A gratidão é o verdadeiro olhar da alma, que reconhece em tudo algo que está colaborando com o seu crescimento.

É por isso que a gratidão não está exatamente na fala. Ela é um modo de ver que, quando estimulado, se torna um hábito e, por fim, um verdadeiro estado do nosso ser. O estado de gratidão é libertador e um dos elementos fundamentais do que podemos chamar de uma vida feliz. Uma pessoa que não reconhece as bênçãos escondidas em cada situação, que se habitua a reclamar, que vive em um constante e interminável estado de falta, como se estivesse sempre carente de algo para estar bem, não consegue se sentir em paz com a própria vida, pois está constantemente insatisfeita. Não pela exata ausência de algo, mas pela falta de reconhecimento daquilo que já usufrui, algo que só a gratidão propicia.

É muito natural buscar vivenciar e aproveitar determinados elementos que consideramos importantes para nosso progresso e que são verdadeiros anseios da alma. Mas a busca de algo não deve anular o que já conquistamos. Aprender a reconhecer as dádivas da vida é uma prática com a qual devemos sempre trabalhar. É o que traz magia, encanto e verdadeira satisfação. Continuamos a nossa caminhada, trabalhando por outros objetivos, em busca do desenvolvimento de novos aspectos, mas não mais para preencher uma falta que estava apenas em nossa mente, ou seja, no nosso não reconhecimento.

Enquanto a pessoa estiver grata, jamais haverá espaço para a infelicidade. Não há faltas nem pontos negativos. Há, sim, situações difíceis que precisam ser vistas, admitidas e trabalhadas, porém com o entendimento de que, mesmo elas, trazem aspectos importantes ao nosso progresso. A gratidão enxerga o bem dentro de cada uma delas.

Não se deve esperar pelos grandes eventos, pelas maiores conquistas ou, então, pela realização de nossos desejos mais profundos para manifestarmos gratidão. Ela deve vir primeiramente das pequenas coisas, do que podemos considerar simples. Elas podem parecer extremamente cotidianas, o que não as torna menos significativas. Ao contrário, não é difícil perceber como são as mais essenciais para a nossa vida. Desde o ar que respiramos, o sol que nasce e se põe no horizonte, a chuva que cai do céu, o abraço de um ente querido, o alimento que nos mantém vivos, o trabalho que nos propicia o retorno financeiro e a realização de nossa alma, a fala, a visão, o afeto... Não costumamos dar o devido valor a todos esses elementos, entre outros que fazem parte da nossa rotina, tampouco às manifestações de alegria, mesmo que sem eles não consigamos sobreviver.

É nossa tarefa, pois, fazer com que nosso olhar não perca o brilho diante da vida e que, na busca de determinados objetivos, não estejamos cegos diante de inúmeras coisas que são boas para nós. Se não treinarmos o nosso olhar para reconhecermos *sempre* a importância das coisas, não importa os bens que venhamos a possuir, eles sempre serão vazios para nós. O mundo nos cega do que realmente nos preenche e passa uma constante falsa sensação de que necessitamos de algo, de que não somos completos, de que algo lá fora pode nos trazer isso. São mecanismos do ego. Na verdade, tudo que precisamos fazer é olhar para dentro, trabalhar o nosso olhar, a nossa ligação e o nosso reconhecimento com as coisas. Quando a alma toca o mundo, surge a gratidão por tudo que existe. Reavivar esse olhar é tornar a vida mágica. É preciso apreciar, parar, sentir tudo o que nos envolve e nos deixar preencher por isso. Sentir a importância e a conexão de cada coisa, o bem que isso nos traz e a felicidade que nos proporciona. É essa a verdadeira gratidão que abre as portas da felicidade. Não adianta apenas o sol brilhar lá fora. Antes, é preciso reconhecer o que isso representa para que ele então passe a brilhar dentro de nós, porque ser grato é sentir.

Sentir gratidão por algo que nos traz bem-estar ou um benefício direto é uma atividade relativamente fácil. Nosso maior desafio talvez seja aprendermos a ser gratos diante das adversidades da vida. No momento que somos atingidos pela dor, que a desilusão bate à nossa porta, que a revolta inunda o nosso emocional, quando nos vemos em uma situação que parece injusta, a última coisa que pensamos é em sermos gratos. O objetivo, porém, não é ser grato pela dor em si, e sim pelo que está por detrás dela. As situações difíceis também trazem preciosas lições escondidas, propósitos que desconhecemos, libertações de que necessitamos e o redirecionamento de caminhos que nos levam aonde precisamos estar. Nem sempre vemos isso de imediato, e está tudo bem em vivermos a nossa dor. Toda cura é um processo que passa por estágios cujo tempo varia de pessoa para pessoa. Nem sempre conseguiremos ver os pontos positivos de uma situação difícil logo de imediato, mas só superaremos essa dor de verdade quando fizermos esse exercício e aprendermos a ver o diamante oculto por toda a lama do sofrimento.

É comum que esse processo leve tempo, visto que é o último estágio da superação da dor. É quando aquilo que nos feriu já não tem poder sobre nós, de forma que podemos, finalmente, olhar para o que vivemos, reconhecer pontos positivos para o nosso desenvolvimento e ser gratos exatamente por isso. É um redirecionamento do nosso olhar, que, em vez de focar o que não ocorreu segundo nossas expectativas, passa a ver o que aquela situação trouxe de bom para a nossa evolução. Quando passamos a perceber que a gratidão torna todas as nossas experiências em vivências de amor, reconhecemos que a vida nos dá muito mais do que – erroneamente pensamos – nos tira.

Ser verdadeiramente grato dá sentido às nossas conquistas, aos nossos desafios e nos faz perceber que tudo na vida, de maneira direta ou indireta, converge a nosso favor.

30
O AMOR

"O amor é a grande cura das nossas dores, a resposta a todas as nossas perguntas, o desvendar de todos os mistérios, o despertar dos seres, o significado por detrás de todos os fatos, o sentido que preenche as almas."

O amor é a grande força transcendente que move os seres e os mundos em direção a algo maior. Falar sobre ele pode parecer um tanto clichê; é difícil falar desse tema sem que o leitor pense em imagens e conceitos predefinidos sobre o que acredita ser esse sentimento. O amor é único; ele se expressa de diferentes formas, ganha contornos próprios, possui uma aparência e uma profundidade diferente para cada ser. Podemos pensar no amor romântico, no amor materno, no amor fraternal, no amor apaixonado, no amor incondicional, no amor poético, no amor pela música, no amor pelos livros, no amor pela natureza, no amor pelos animais, no amor-próprio e no amor universal. O amor pode, inclusive, ser classificado, mas sempre será incomparável. Ninguém ama da mesma maneira e não há comparativos ou medições para ele. O amor é uma força de expressão que vincula o nosso afeto a algo sem que exista uma explicação, um limite ou um fim. Amar é amar, e buscar racionalizar demais esse sentimento, por meio de fórmulas e explicações, é fugir de sua própria natureza.

O amor é simples, direto, puro, sensível e é o que dá o tom de toda a existência. Talvez a nossa grande busca, a chave para sanarmos as nossas dores, encontrarmos a paz e vencermos nossos medos, não seja compreender qual é o sentido da vida ou onde está a felicidade, mas sim nos perguntarmos se amamos, se somos capazes de amar a nós mesmos, a vida e o mundo, se sentimos o amor que o Universo tem por nós. Se formos capazes disso tudo, de alguma forma já fará sentido. Não porque nossa mente tem uma resposta, mas porque por dentro nos sentimos preenchidos e completos por algo que apenas se sente e que não se explica em palavras.

O amor é o mais poderoso instrumento de presença no agora. Quando entramos nesse estado em sua profundidade, embarcamos em um fluxo que ignora o tempo e que não encontra barreira no espaço. É um estado em que não há preocupações, não há expectativas, desilusões ou qualquer tipo de dor. Ao contrário, é nele que se encontra toda a cura, tanto interna quanto externa.

Mas por que amar é algo que parece tão difícil? Por que amar nos parece ser o motivo de tantos sofrimentos? Isso não se dá pelo amor em si, e sim por todas as associações e ilusões que construímos em torno dele. Todos os seres, sem exceção, são dignos de receber amor e capazes de amar. Todos nós amamos, se não tudo, mas ao menos algo a que direcionamos o nosso afeto. Porque amar é mais do que uma capacidade, é uma força de expressão em nós. No entanto, assim como amamos, também sentimos raiva e rancor, temos desejos e vontades e passamos por decepções e situações difíceis. Afinal, somos seres em crescimento, estimulando a nossa própria consciência, buscando nos autoconhecer. Conservamos medos e receios. É verdade que amaremos, mas não só isso. E é a partir da mistura de outros sentidos e de leituras equivocadas da realidade que somos levados a associar que o que nos causa dor é o amor. O que não percebemos, no entanto, é que as reais causas são tudo o que julgávamos ser o amor e não era.

Expressar o amor de forma pura e incondicional requer equilíbrio interno e ressignificação das nossas crenças. Enquanto esse trabalho não for feito, o nosso amar ainda será muitas vezes carregado de medos, apegos e paixões, algo extremamente comum em relações afetivas, em que sentimentos, como o ciúme e o apego, não têm correspondência alguma com o amor, embora pensemos que sim. Tais sentimentos refletem as nossas inseguranças e ilusões. Não significa que o fato de eles existirem impeça a presença do amor ali, mas que, apesar dele, há sentimentos que precisam ser trabalhados dentro de cada um dos indivíduos. Mesmo o que podemos chamar de cuidado e carinho pode esconder sentimentos assim, pois, quando invadimos demasiadamente o espaço do outro, não respeitamos a sua liberdade. Sob o pretexto de que amamos, muitas vezes estamos, na verdade, expressando o nosso medo, porque pensamos que, se não estivermos mostrando ao outro nossos sentimentos, ele não nos amará. Ou seja, para além do amor, muitas são as nuances emocionais envolvidas. O amor é importante, mas, enquanto estiver poluído por emoções densas, não conseguirá mostrar toda a sua força. É sempre preciso avaliar a maneira pela qual estamos expressando e recebendo esse sentimento.

Muitos indivíduos não se permitem receber o amor e se sentir amados. Pode parecer um grande contrassenso pensar que, enquanto a maioria das pessoas busca o amor, outras sentem medo desse mesmo sentimento que nada mais é do que fruto de todas as crenças equivocadas acerca dele. Em geral, esse tipo de postura surge após alguma experiência mal-assimilada pelo nosso emocional que nos transmitiu a mensagem de que não o merecíamos. Só uma pessoa que não se ama tem medo do amor, porque ela não se sente digna dele, então todo afeto a ela endereçado parece uma grande armadilha. É um bloqueio que existe, em maior ou menor grau, em cada um de nós, porque em algum momento recebemos a mensagem de que não éramos suficientes. Tivemos a nossa individualidade criticada, comparada e rejeitada. Dentro da família, entre os amigos, na sociedade em geral, foram-nos ditados padrões do que era certo e do que era errado, do que era belo e do que era feio, do que era bom e do que era ruim, sem que boa parte disso tivesse base para tal. Assim, assimilamos todas essas mensagens, nos adaptamos e, com isso, condenamos muitos aspectos que fazem parte de nós. É daí que surge a sensação de que não somos suficientes, que aquilo que somos não é o bastante para merecer o amor.

Há pessoas que vivenciaram situações tão difíceis e traumáticas nesse sentido que falar de amor lhes parece uma grande ilusão. Para que um bloqueio como esse seja desfeito, é preciso uma experiência profunda de encontro: o reencontro consigo mesmo. É necessário um salto para além de todos os conceitos, de todos os padrões e da visão que o mundo fez que construíssemos de nós mesmos. É preciso se redescobrir, se enxergar com um novo olhar, desconstruir toda essa visão que nos diminuía e tirava o nosso poder e renascer diante de nossos próprios olhos. Um processo assim requer a valorização de nossos pontos positivos, a compreensão de que estamos todos em processo de crescimento, bem como o entendimento de que toda comparação é absurda, porque cada ser é único, levando-nos, assim, ao acolhimento do nosso próprio ser. Só assim seremos capazes de perceber que o ato de nos permitir ser quem realmente somos representa uma atitude sagrada, e que todo o resto deve ser desconsiderado. Amar a si mesmo é desconstruir tudo que nos fez acreditar que não éramos merecedores desse sentimento.

A grande jornada não consiste exatamente em despertar o amor, mas em desfazer todas as barreiras que construímos entre nós e esse sentimento. Por detrás dos medos, da insegurança, da raiva, das comparações, da carência, das ilusões, o amor vibra forte e luminoso. À medida que aprofundamos o conhecimento sobre nós mesmos, entendendo a origem de todos esses aspectos e despertando a nossa consciência, cada vez mais fazemos o amor desabrochar dentro de nós. Não há força que possa se comparar à de uma pessoa que se permite amar e ser amada.

Acessar essa fonte requer desapego de todas as condições que criamos para o amor, em relação a nós e aos outros, as quais são mais uma barreira, uma criação do nosso ego para autoproteção. O ego, no fundo, teme o amor, que tem sua origem na alma e no desfazer de todas as ilusões. Além de necessitar das condições, das comparações e das definições para que possa existir e se sustentar, o ego quer atenção, mas jamais se permite ao amor verdadeiro, que está ligado à nossa essência e passa longe das aparências e das explicações. Por isso o ego criará todos os empecilhos para que o amor não chegue e, assim, o mate, o que se traduz na compressão de quem ele é, de qual é o seu lugar e de como precisamos ir além para encontrar esse sentimento em sua mais plena pureza.

A compreensão de que o amor não tem condições, de que ele não se liga às aparências, de que ele não necessita possuir, de que ele nada exige e de que ele não é carente de atenção ou elogios é o desfazer de todas as barreiras.

Encontrar o amor é encontrar-se consigo próprio. O amor é a grande cura das nossas dores, a resposta a todas as nossas perguntas, o desvendar de todos os mistérios, o despertar dos seres, o significado por detrás de todos os fatos, o sentido que preenche as almas. É a força que move o Universo e une todas as criaturas. O amor é o caminho, é a energia que nos move durante a caminhada. Todos nós o procuramos, mesmo sem saber. Cada uma das nossas dores, dos nossos enganos e das nossas experiências foram sinais pelo caminho que, de alguma forma, nos mostraram como encontrar esse sentimento em nós. Não importa quanto tempo leve. Tudo é parte do caminho. Entre o interno e o externo, o ontem e o amanhã, a dor e a alegria, o eu e o outro, tudo é **UM**. Uma mesma experiência em que o amor dá o grande sentido.

O amor já está aqui. Está em nós, está no mundo, está em cada ato, em cada vivência. Basta olhar a vida com os olhos da alma para vê-lo e nos reconhecermos nele!

31
A FELICIDADE

"A felicidade não é um lugar, não é uma coisa ou uma pessoa. Felicidade é uma capacidade em nós. Não se trata de encontrá-la no final do caminho, e sim de saber que ela é a sabedoria com que se caminha."

A felicidade não é um lugar, não é uma coisa ou uma pessoa. Felicidade é uma capacidade em nós. Não se trata de encontrá-la no final do caminho, e sim de saber que ela é a sabedoria com que se caminha. Não devemos encará-la como uma meta a ser alcançada, um objeto único que podemos encontrar em algum lugar no meio de nossa trajetória. Felicidade se desenvolve, é resposta e consequência de uma série de processos que ocorrem conosco, sendo ela o conjunto de diferentes estados prazerosos em nós. Não é, portanto, uma entidade que caminha sozinha, mas acompanhada pelo amor, pela alegria, pelo prazer, pela paz, pela realização e, acima de tudo, pela compreensão e pelo entendimento, que é o ponto básico da felicidade.

A maioria das pessoas pensa que se trata da posse de algo ou da vivência de determinada situação, sendo dinheiro, fartura, relacionamentos, saúde, viagens e os mais diversos prazeres alguns dos exemplos mais comuns, algumas das primeiras coisas em que pensamos no momento em que nos perguntamos o que seria felicidade. É impossível negar o prazer e a alegria que esses itens podem nos proporcionar. Seria ilógico pensar o contrário. Mas a confusão está em passarmos a justamente acreditar que essas condições de vida nos trazem felicidade pelo fato de nos proporcionarem prazer. Em primeiro lugar, elas não podem nos trazer algo que há dentro de nós. Podem, é claro, incitar estados de alegria, servir como estímulos, mas não têm o poder de estabelecer a felicidade em nós. Em segundo, ninguém se torna feliz pelo que possui, visto que são apenas estímulos, cuja falta traz o peso da dependência criada no indivíduo. Quem coloca a sua felicidade em alguém, em determinado objeto, ideia de vida ou meta futura torna-se refém dos próprios objetivos. Alcançar os nossos sonhos é algo importante, mas acreditar que eles serão responsáveis por uma atividade que deve ser gerenciada dentro de nós é terceirizar um trabalho que só pode ser feito internamente.

O entendimento que criamos em nós em relação ao que vivemos e à maneira como compreendemos a vida é a atitude mais sólida para uma vida mais plena e equilibrada. Ninguém quer experimentar dissabores, mas é inevitável que, em algum momento, eles cheguem. Independentemente disso, é preciso aceitar que tanto a dor quanto o sofrimento são componentes que fazem parte da vida. Não precisamos acreditar que sofrer por algo é fracassar. Pensar assim é cair na ditadura da felicidade, que nos faz crer que precisamos estar bem o tempo todo. Vivenciar momentos de tristeza, dor, raiva, medo, angústia e desânimo não significa que estamos abrindo mão da felicidade, mas, ao contrário, que somos seres humanos reagindo a algo que está nos acontecendo, à procura da melhor forma para gerenciar as nossas emoções e lidar com elas. Tratar de se autoconhecer, aprender a gerenciar as emoções, questionar o que buscamos para nossa vida, sentir dentro de nós o que realmente nos traz sentido e significado e valorizar elementos ligados à essência das coisas são ações que nos trazem o entendimento necessário para ficar melhor. São um conjunto de atitudes que fazem aquilo que chamamos de felicidade brotar, como uma aura própria, uma consequência direta de uma nova forma de ver e de viver.

Por isso é um equívoco buscar a felicidade. Muito provavelmente o mais sensato e útil é, em seu lugar, procurarmos o amadurecimento, a sinceridade interior, a coragem de sermos quem somos, a vivência do que nos dá sentido. Estes, sim, são os elementos que dão cor e vida à nossa existência. Nesse caminho também encontraremos dores e desilusões, mas é por meio delas que desenvolveremos um senso muito mais sólido da vida e um estado interior que vai muito além da nossa mera ideia de felicidade. Trata-se, pois, da felicidade real, que, para além de nossas ilusões, não foi encontrada, e sim construída. Uma felicidade que não está atrelada a algo ou alguém, que não está à mercê das expectativas, que não vive por promessas, que não perde a cor com a rotina e não se esvai quando as coisas mudam. É uma felicidade que está no nosso modo de ver, na nossa maneira de absorver as situações do mundo e na capacidade de enxergar além das aparências.

Essa felicidade real é um modo de vida de quem amadureceu a ponto de compreender que a nossa postura diante dos fatos da vida é que determina mais o nosso bem-estar do que propriamente aquilo que nos acontece. Saber filtrar tanto o que nos ocorre como o que queremos, como as situações adversas da vida que fogem aos nossos planos e aos desejos, é achar o ponto de equilíbrio de que tanto necessitamos para uma vida mais plena.

Prendemo-nos tanto em acreditar que a felicidade chegará para nós como um grande prêmio dos nossos esforços, ou como uma compensação pelos nossos sofrimentos, que abrimos mão de construir o nosso bem-estar interno no hoje, pensando que ele só poderá vir no futuro por meio de algo. Embora inúmeras situações e conquistas possam nos trazer prazer e conforto, o grande entendimento é perceber que a chave de tudo que procuramos está no desenvolvimento de nossa estrutura interna.

Esse desenvolvimento não surge de uma hora para a outra. Não amadurecemos o nosso olhar simplesmente porque queremos fazê-lo. Esse é o primeiro e mais importante passo, porque ele nos torna conscientes de todo o processo, o que faz toda a diferença. É essa consciência que nos permitirá ficar despertos diante de tudo o que vivemos, para encararmos com serenidade e sabedoria tudo aquilo que a vida colocar em nosso caminho. Enquanto não tivermos essa consciência, permaneceremos no sono de nossas ilusões, dependentes de pessoas e eventos, presos a um círculo vicioso de buscas, conquistas, mudanças e desilusões, o qual mantém sempre viva essa sede que, além de nunca se esvair, ainda tira a nossa paz. Não importa o tanto que conquistamos, mas sim o quanto nos desenvolvemos. Podemos possuir (mesmo que temporariamente) muitas coisas e, mesmo assim, não sentir o doce contentamento da alma. Da mesma forma, podemos ter uma vida com inúmeros reveses e, ainda assim, encontrar nela o encanto e a magia. O ponto em questão é nosso olhar. A mente é a resposta. O portal entre o mundo e a alma, onde colidem esses dois pontos. É a maneira como absorvemos esse encontro que determina o que sentimos e como vivemos.

Uma mente que permite a passagem da alma para a compreensão do mundo nos dá o poder de ressignificar toda a nossa existência. É a nossa grande tarefa, o milagre oculto que tanto aguardávamos e que sempre esteve ao nosso alcance.

Felicidade é a habilidade de se fazer feliz.

É mudança de crenças, libertação dos padrões superficiais, revolução interior!

É luz pessoal que se acende, como um farol que o guia e ilumina em meio à escuridão produzida pelas ilusões do mundo.

É vivência, exercício e prática.

Não é algo que se busca, é virtude que se reconhece em si.

É a coragem de ressignificar valores e mudar a existência de dentro para fora.

É força que jamais se esgota, mesmo diante das desilusões da vida; é a fênix dos sentimentos, que sempre faz surgir novamente o sorriso em nossa face.

Felicidade não está no passado nem no futuro. Não é um lugar ou algo a se possuir. Felicidade é um caminho que sempre leva para dentro ao encontro de nós mesmos e do despertar de um novo olhar sobre a existência!

AGRADECIMENTOS

Um livro não se constrói sozinho. Nele colocamos de forma direta ou indireta os ensinamentos e as contribuições daqueles que ajudaram a formar quem somos, daqueles que nos auxiliam a sustentar a existência e a tornar a vida mais bonita.

Por isso agradeço profundamente a Francisca Loana de Lima, Luci Wrubleski e Eliza Doline, grandes estrelas no céu da minha vida que me acompanham sempre em cada passo da caminhada. Agradeço muito a Elivelton Jonko por toda força e incentivo que sempre me deu.

Minha gratidão eterna aos laços de amizade que o destino me deu, pessoas ímpares que me alimentam de afeto e apoio: Natielly Gruber, Juliane Lotek, Vanessa Preslak, Tere Marszal, Helena Luczynski, Rosilene Presznhuk, Marlei Mitura, Caio Costa, Bruno Tomal, Felipe F. Pasian e tantos outros amigos e amigas que a vida me presenteou.

Como não poderia deixar de mencionar, agradeço em especial a Elisângela Bankersen, Milene Marczal, Terezinha K. Golenia, às quais dedico este livro, grandes professoras, conselheiras e amigas que me ensinaram a força das palavras e me fizeram acreditar que as minhas palavras deviam ser lidas e ouvidas também, e a todos os demais professores com os quais tive a honra de aprender e que me mostraram que o saber é um dos nossos bens mais preciosos.

Meu muito obrigado a toda equipe da Editora Planeta, que deu a oportunidade para esse trabalho ganhar vida, em especial ao meu tão carinhoso editor Felipe Brandão, que acreditou neste projeto, e a Letícia Teófilo, que abriu as portas para que esta obra fosse possível, que incentivou meu trabalho e que tive o prazer de reencontrar. Como sempre dizemos, "Nada é por acaso"; amo muito você, Lê!

Aos meus familiares, principalmente a minha mãe, Anita Mihalski Gruber, que sempre deu todo o amor necessário para que meu coração tivesse forças e asas para voar rumo aos seus sonhos.

E, por fim, agradeço aos meus tão amados leitores, que dia após dia me enviam mensagens de afeto e incentivo, relatando também o quanto os textos ajudam suas almas em seus processos de crescimento, contando-me suas dores, *insights* e despertares. São vocês que dão vida e sentido a esse trabalho. Minha gratidão eterna pela conexão que há entre nós através das palavras. Que elas possam ser sempre um veículo de transformação pessoal para todos aqueles que as lerem!

Leia também

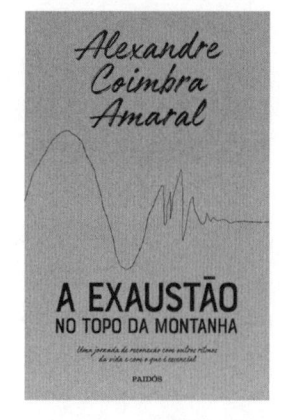

O PALHAÇO E O PSICANALISTA — Christian Dunker, Cláudio Thebas. Como escutar os outros pode transformar vidas.

AUTOESTIMA COMO HÁBITO — Gislene Isquierdo. Um guia da Psicologia Aplicada para sua autoestima e seus relacionamentos.

SER HUMANO: MANUAL DO USUÁRIO — André Rabelo. As origens, os desejos e o sentido da existência humana.

A EXAUSTÃO NO TOPO DA MONTANHA — Alexandre Coimbra Amaral. Uma jornada de reconexão com outros ritmos da vida e com o que é essencial.

MATURIDADE EMOCIONAL — Frederico Mattos. Por que algumas pessoas agem como adultas e outras não.

O AMOR NÃO DÓI — Anahy D'Amico. "Não podemos nos acostumar com nada que machuca." O LIVRO DA PSICÓLOGA DO PROGRAMA CASOS DE FAMÍLIA.

**Acreditamos
nos livros**

Este livro foi composto em Alda OT CEV
e impresso pela Geográfica para a Editora
Planeta do Brasil em janeiro de 2022.